Lasker-Schüler | Die Gedichte

Else Lasker-Schüler
Die Gedichte

Auswahl

Herausgegeben und kommentiert
von Gabriele Sander

Reclam

Zu Else Lasker-Schülers *Gedichten* gibt es bei Reclam Interpretationen in:
Gedichte von Else Lasker-Schüler in der Reihe »Interpretationen« (Nr. 17535)

RECLAMS UNIVERSAL-BIBLIOTHEK Nr. 19168
2020 Philipp Reclam jun. Verlag GmbH,
Siemensstraße 32, 71254 Ditzingen
Gestaltung: Cornelia Feyll, Friedrich Forssman
Druck und Bindung: Kösel GmbH & Co. KG,
Am Buchweg 1, 87452 Altusried-Krugzell
Printed in Germany 2020

ISBN 978-3-15-019168-2

Auch als E-Book erhältlich

www.reclam.de

Inhalt

Vorahnung [1.]

Verhöhnt mich auch lachend der Wirbelwind,
– Mein Kind, das ist ein Königskind,
Mit Locken, wie Sonnenscheinen.

Ich sitze sinnend unter dem Dach,
Bin in den Nächten fieberwach
Und nähe Hemdchen aus Leinen.

– Meiner Mutter Wiegenfest ist heut',
Gestorben sind Vater und Mutter beid'
Und sahen nicht mehr den Kleinen.

– Meine Mutter träumte einmal schwer. –
– Sie sah mich nicht an ohne Seufzer mehr
Und ohne heimliches Weinen. –

Verwelkte Myrten [2.]

Bist wie der graue, sonnenlose Tag,
Der sündig sich auf junge Rosen legt.
– Mir war, wie ich an Deiner Seite lag,
Als ob mein Herze sich nicht mehr bewegt.

Ich küsste Deine bleichen Wangen rot,
Entwand ein Lächeln Deinem starren Blick.
– Du tratest meine junge Seele tot
Und kehrtest in Dein kaltes Sein zurück.

Trieb [3.]

Es treiben mich brennende Lebensgewalten,
Gefühle, die ich nicht zügeln kann.
Und Gedanken, die sich zur Form gestalten,
Sie greifen mich wie Wölfe an.

Ich irre durch duftende Sonnentage …
Und die Nacht erschüttert von meinem Schrei.
Meine Lust stöhnt wie eine Marterklage
Und reißt sich von ihrer Fessel frei.

Und schwebt auf zitternden, schimmernden Schwingen
Dem sonn'gen Tal in den jungen Schoß.
Und lässt sich von jedem Mai'nhauch bezwingen
Und giebt der Natur sich willenlos.

Jugend [4.]

Ich hört' dich hämmern diese Nacht
An einem Sarg im tiefen Erdenschacht.
Was willst du von mir, bleicher Sensemann,
Mein Herz gehört dem ew'gen Leben an
Mit all den Blüten und der Maienlust.

Ich bin so jung wie frühe Morgenglut.
Für deinen Becher ist zu heiß mein Blut.
Scher' dich des Weges, alter Nimmersatt!
Was soll ich in der kalten Totenstadt
Ich, mit dem Jubel in der Brust!

Die schwarze Bhowanéh [5.]

(Die Göttin der Nacht)
(Zigeunerlied)

Meine Lippen glühn
Und meine Arme breiten sich aus wie Flammen!
Du musst mit mir nach Granada ziehn
In die Sonne, aus der meine Gluten stammen ....
Meine Ader schmerzt
Von der Wildheit meiner Säfte,
Von dem Toben meiner Kräfte.

Granatäpfel prangen
Wie die heißen Lippen der Nacht.
Rot, wie die Liebe der Nacht!
Wie der Brand meiner Wangen.

Auf dem dunklen Schein
Meiner Haut schillern Muscheln auf Schnüre gezogen.
Und Perlen, von sonnenfarb'gem Bernstein
Durchglühn meine Zöpfe wie Feuerwogen.
Meine Seele bebt,
Wie eine Erde bebt und sich auftut
Dürstend nach Luft! nach säuselnder Flut ....

Heiße Winde stöhnen
Wie der Odem der Sehnsucht ....
Verheerend, wie die Qual der Sehnsucht ....
Und über die Felsen Granadas dröhnen
Die Lockrufe der schwarzen Bhowanéh!

Chaos [6.]

Die Sterne fliehen schreckensbleich
Vom Himmel meiner Einsamkeit,
Und das schwarze Auge der Mitternacht
Starrt näher und näher.

Ich finde mich nicht wieder
In dieser Todverlassenheit,
Mir ist: ich lieg von mir weltenweit
Zwischen grauer Nacht der Urangst.

Ich wollte, ein Schmerzen rege sich
Und stürze mich grausam nieder
Und riss mich jäh an mich;
Und es lege eine Schöpferlust
Mich wieder in meine Heimat
Unter der Mutterbrust.

Meine Mutterheimat ist seeleleer,
Es blühen dort keine Rosen
Im warmen Odem mehr. –
.... Möchte einen Herzallerliebsten haben!
Und mich in seinem Fleisch vergraben.

Nervus erotis [7.]

Dass uns nach all der heißen Tagesglut
Nicht eine Nacht gehört ...
Die Tuberosen färben sich mit meinem Blut.
Aus ihren Kelchen loderts brandrot!

Sag mir, ob auch in Nächten deine Seele schreit,
Wenn sie aus bangem Schlummer auffährt,
Wie wilde Vögel schreien durch die Nachtzeit.

Die ganze Welt scheint rot,
Als ob des Lebens weite Seele blutet.
Mein Herz stöhnt wie das Leid der Hungersnot,
Aus roten Geisteraugen stiert der Tod.

Sag mir, ob auch in Nächten deine Seele klagt
Vom starken Tuberosenduft umflutet,
Und an dem Nerv des bunten Traumes nagt.

Das Lied des Gesalbten [8.]

Zebaoth spricht aus dem Abend:
Verschwenden sollst Du mit Liebe!
Denn ich will Dir Perlen meiner Krone schenken,
In goldträufelnden Honig Dein Blut verwandeln
Und Deine Lippen mit den Düften süßer Mandeln tränken.
Verschwenden sollst Du mit Liebe!
Und mit schmelzendem Jubel meine Feste umgolden
Und die Schwermut, die über Jerusalem trübt,
Mit singenden Blütendolden umkeimen.
Ein prangender Garten wird Dein Herz sein,
Darin die Dichter träumen.
O, ein hängender Garten wird Dein Herz sein,
Aller Sonnen Aufgangheimat sein,
Und die Sterne kommen, ihren Flüsterschein
Deinen Nächten sagen.

>

Verschwenden sollst Du mit Liebe!
Tausend greifende Äste werden Deine Arme tragen
Und meinem Paradiesheimweh wiegende Troste sein.

Sulamith [9.]

O, ich lernte an Deinem süßen Munde
Zu viel der Seligkeiten kennen!
Schon fühl' ich die Lippen Gabriels
Auf meinem Herzen brennen,
Und die Nachtwolke trinkt
Meinen tiefen Cederntraum.
O, wie Dein Leben mir winkt,
Und ich vergehe
Mit blühendem Herzeleid!
Und verwehe im Weltraum,
In Zeit,
In Ewigkeit,
Und meine Seele verglüht in den Abendfarben
Jerusalems.

Chronica [10.]

(Meinen Schwestern zu eigen)

Mutter und Vater sind im Himmel
Und sprühen ihre Kraft
An singenden Fernen vorbei,
An spielenden Sternen vorbei
Auf mich nieder. >

Himmel bebender Leidenschaft
Prangen auf,
O, meine ganze Sehnsucht reißt sich auf
Durch goldenes Sonnenblut zu gleiten!
Fühle Mutter und Vater wiederkeimen
Auf meinen ahnungsbangen Mutterweiten.
Drei Seelen breiten
Aus stillen Morgenträumen
Zum Gottland ihre Wehmut aus.
Denn drei sind wir Schwestern,
Und die vor mir träumten schon in Sphinxgestalten
Zu Pharaozeiten.
Mich formte noch im tiefsten Weltenschoß
Die schwerste Künstlerhand.
Und wisset, wer meine Brüder sind!
Sie waren die drei Könige, die gen Osten zogen
Dem weißen Sterne nach durch brennenden Wüstenwind.
Aber acht Schicksale wucherten aus unserem Blut
Und lauern hinter unseren Himmeln:
Vier plagen uns im Abendrot,
Vier verdunkeln uns die Morgenglut,
Sie brachten über uns Hungersnot
Und Herzensnot und Tod!
Und es steht:
Über unserem letzten Grab ihr Fortleben noch,
Den Fluch über alle Welten zu weben,
Sich ihres Bösen zu freuen.
Aber die Winde werden einst ihren Staub scheuen.
Satanas miserere eorum!!

Mutter [11.]

Ein weißer Stern singt ein Totenlied
In der Julinacht,
Wie Sterbegeläut in der Julinacht.
Und auf dem Dach die Wolkenhand,
Die streifende, feuchte Schattenhand
Sucht nach meiner Mutter.
Ich fühle mein nacktes Leben,
Es stößt sich ab vom Mutterland,
So nackt war nie mein Leben,
So in die Zeit gegeben,
Als ob ich abgeblüht
Hinter des Tages Ende,
Versunken
Zwischen weiten Nächten stände,
Von Einsamkeiten gefangen.
Ach Gott! Mein wildes Kindesweh!
… Meine Mutter ist heimgegangen.

Weltflucht [12.]

Ich will in das Grenzenlose
Zu mir zurück,
Schon blüht die Herbstzeitlose
Meiner Seele,
Vielleicht – ist's schon zu spät zurück!
O, ich sterbe unter Euch!
Da Ihr mich erstickt mit Euch. >

Fäden möchte ich um mich ziehn –
Wirrwarr endend!
Beirrend,
Euch verwirrend,
Um zu entfliehn
Meinwärts!

Orgie [13.]

Der Abend küsste geheimnisvoll
Die knospenden Oleander.
Wir spielten und bauten Tempel Apoll
Und taumelten sehnsuchtsübervoll
Ineinander.
Und der Nachthimmel goss seinen schwarzen Duft
In die schwellenden Wellen der brütenden Luft,
Und Jahrhunderte sanken
Und reckten sich
Und reihten sich wieder golden empor
Zu sternenverschmiedeten Ranken.
Wir spielten mit dem glücklichsten Glück,
Mit den Früchten des Paradiesmai,
Und im wilden Gold Deines wirren Haars
Sang meine tiefe Sehnsucht
Geschrei,
Wie ein schwarzer Urwaldvogel.
Und junge Himmel fielen herab,
Unersehnbare, wildsüße Düfte;
Wir rissen uns die Hüllen ab
Und schrieen!
Berauscht vom Most der Lüfte. >

Ich knüpfte mich an Dein Leben an,
Bis dass es ganz in ihm zerrann,
Und immer wieder Gestalt nahm
Und immer wieder zerrann.
Und unsere Liebe jauchzte Gesang,
Zwei wilde Symphonieen!

Dein Sturmlied [14.]

Brause Dein Sturmlied Du!
Durch meine Liebe,
Durch mein brennendes All.
Verheerend, begehrend,
  Dröhnend wiedertönend
  Wie Donnerhall!

Brause Dein Sturmlied Du!
Und lösche meine Feuersbrunst,
Denn ich ersticke in Flammendunst.
Mann mit den ehernen Zeusaugen,
  Grolle Gewitter,
Entlade Wolken auf mich.
Und wie eine Hochsommererde
  Werde ich
  Aufsehnend
Die Ströme einsaugen.
Brause Dein Sturmlied Du!

Weltschmerz [15.]

Ich, der brennende Wüstenwind,
Erkaltete und nahm Gestalt an.

Wo ist die Sonne, die mich auflösen kann,
Oder der Blitz, der mich zerschmettern kann!

Blick' nun: ein steinernes Sphinxhaupt,
Zürnend zu allen Himmeln auf.

Hab' an meine Glutkraft geglaubt.

Sterne des Fatums [16.]

Deine Augen harren vor meinem Leben
Wie Nächte, die sich nach Tagen sehnen,
Und der schwüle Traum liegt auf ihnen
Unergründet.

Seltsame Sterne starren zur Erde,
Eisenfarb'ne mit Sehnsuchtsschweifen,
Mit brennenden Armen, die Liebe suchen
Und in die Kühle der Lüfte greifen.

Sterne in denen das Schicksal mündet.

Sterne des Tartaros [17.]

Warum suchst Du mich in unseren Nächten
In Wolken des Hasses auf bösen Sternen!
Lass mich allein mit den Geistern fechten.

Sie schnellen vorbei auf Geyerschwingen
Aus längst vergess'nen Wildlandfernen.
Eiswinde durch Lenzessingen.

Und Du vergisst die Gärten der Sonne
Und blickst gebannt in die Todestrübe.
Ach, was irrst Du hinter meiner Not!

Fortissimo [18.]

Du spieltest ein ungestümes Lied,
Ich fürchtete mich nach dem Namen zu fragen,
Ich wusste, er würde das alles sagen,
Was zwischen uns wie Lava glüht.

Da mischte sich die Natur hinein
In unsere stumme Herzensgeschichte,
Der Mondvater lachte mit Vollbackenschein,
Als machte er komische Liebesgedichte.

Wir lachten heimlich im Herzensgrund,
Doch unsere Augen standen in Tränen
Und die Farben des Teppichs spielten bunt
In Regenbogenfarbentönen.

Wir hatten beide dasselbe Gefühl,
Der Smyrnateppich wäre ein Rasen,
Und die Palmen über uns fächelten kühl,
Und unsere Sehnsucht begann zu rasen.

Und unsere Sehnsucht riss sich los
Und jagte uns mit Blutsturmwellen:
Wir sanken in das Smyrnamoos
Urwild und schrieen wie Gazellen.

Mein Kind [19.]

Mein Kind schreit auf um die Mitternacht
Und ist so heiß aus dem Traum erwacht
Wie meine sehnende Jugend.

Gäb' ihm so gern meines Blutes Mai,
Spräng' nur mein bebendes Herz entzwei.

– Der Tod schleicht im Hyänenfell
Am Himmelsstreif im Mondeshell.

Aber die Erde im Blütenkeusch
Singt Lenz im kreisenden Weltgeräusch.

Und wundersüß küsst der Maienwind
Als duftender Gottesbote mein Kind.

Meinlingchen [20.]

(Meinem Jungen zu eigen)

Meinlingchen sieh mich an –
Dann schmeicheln tausend Lächeln mein Gesicht,
Und tausend Sonnenwinde streicheln meine Seele,
Hast wie ein Wirbelträumchen
Unter ihren Fittichen gelegen.

Nie war so lenzensüß mein Blut,
Als Dich mein Odem tränkte,
Die Quellen Edens müssen so geduftet haben
Bis Dich der Muttersturm
Aus süßem Dunkel
Von meinen Herzwegen pflückte
Und Dich in meine Arme legte,
In ein Bad von Küssen.

Müde [21.]

All' die weißen Schlafe
Meiner Ruh'
Stürzten über die dunklen Himmelssäume.
Nun deckt der Zweifel meine Sehnsucht zu
Und die Qual erdenkt meine Träume.

O, ich wollte, dass ich wunschlos schlief,
Wüsst' ich einen Strom, wie mein Leben so tief,
Flösse mit seinen Wassern.

Melodie

[22.]

Deine Augen legen sich in meine Augen
Und nie war mein Leben so in Banden,
Nie hat es so tief in Dir gestanden
Es so wehrlos tief.

Und unter Deinen schattigen Träumen
Trinkt mein Anemonenherz den Wind zur Nachtzeit,
Und ich wandle blühend durch die Gärten
Deiner stillen Einsamkeit.

Weltende

[23.]

Es ist ein Weinen in der Welt,
als ob der liebe Gott gestorben wär,
und der bleierne Schatten, der niederfällt,
lastet grabesschwer.

Komm, wir wollen uns näher verbergen …
Das Leben liegt in aller Herzen
wie in Särgen.

Du, wir wollen uns tief küssen …
Es pocht eine Sehnsucht an die Welt,
an der wir sterben müssen.

Die Liebe [24.]

Es rauscht durch unseren Schlaf
Ein feines Wehen wie Seide,
Wie pochendes Erblühen
Über uns beide.

Und ich werde heimwärts
Von Deinem Atem getragen,
Durch verzauberte Märchen,
Durch verschüttete Sagen.

Und mein Dornenlächeln spielt
Mit Deinen urtiefen Zügen,
Und es kommen die Erden
Sich an uns zu schmiegen.

Es rauscht durch unseren Schlaf
Ein feines Wehen wie Seide –
Der weltalte Traum
Segnet uns beide.

Traum [25.]

Der Schlaf entführte mich in Deine Gärten,
In Deinen Traum – die Nacht war wolkenschwarz umwunden –
Wie düstere Erden starrten Deine Augenrunden,
Und Deine Blicke waren Härten.

Und zwischen uns lag eine weite, steife,
Tonlose Ebene ....
Und meine Sehnsucht hingegebene,
Küsst Deinen Mund, die blassen Lippenstreife.

Eva [26.]

Du hast Deinen Kopf tief über mich gesenkt,
Deinen Kopf mit den goldenen Lenzhaaren,
Und Deine Lippen sind von rosiger Seidenweichheit,
Wie die Blüten der Bäume Edens waren.

Und die keimende Liebe ist meine Seele,
O, meine Seele ist das vertriebene Sehnen,
Und Du zitterst von Ahnungen
Und weißt nicht, warum Deine Träume stöhnen.

Und ich liege schwer auf Deinem Leben,
Wie eine tausendstämmige Erinnerung.
Und Du bist so blindjung, so adamjung ....
Du hast Deinen Kopf tief über mich gesenkt.

Ruth [27.]

Und Du suchst mich vor den Hecken,
Ich höre Deine Schritte seufzen,
Und meine Augen sind schwere dunkle Tropfen.

In meiner Seele blühen süß Deine Blicke
Und füllen sich,
Wenn meine Augen in den Schlaf wandeln.

Am Brunnen meiner Heimat
Steht ein Engel,
Der singt das Lied meiner Liebe,
Der singt das Lied Ruths.

Als ich noch im Flügelkleide … [28.]

Unter süßem Veilchenhimmel
Ist unsere Liebe aufgegangen,
Und ich suche allerwegen
Nach Dir und Deinen Morgenwangen.

Und den Ringelrangelhaaren
Rötlichblonden Rosenlocken,
Und den frühlingshellen Augen,
Die so frischfreifrohfrohlocken.

Zwischen dicken Gummipflanzen
Lauern hinter Irdentöpfen
Strickpicknadelspitze Augen
Tüksch aus bitteren Frauenköpfen.

Dass die beiden alten Damen
Hinter unsere Liebe kamen
Und Dich in Gewahrsam nahmen,
Sind die Dramen unserer Herzen.

Mein stilles Lied [29.]

Mein Herz ist eine traurige Zeit,
Die tonlos tickt.

Meine Mutter hatte goldene Flügel,
Die keine Welt fanden.

Horcht, mich sucht meine Mutter,
Lichte sind ihre Finger und ihre Füße wandernde Träume.

Und süße Wetter mit blauen Wehen
Wärmen meine Schlummer

Immer in den Nächten,
Deren Tage meiner Mutter Krone tragen.

Und ich trinke aus dem Monde stillen Wein,
Wenn die Nacht einsam kommt.

Meine Lieder trugen des Sommers Bläue
Und kehrten düster heim.

Verhöhnt habt ihr mir meine Lippe
Und redet mit ihr.

Doch ich griff nach euern Händen,
Denn meine Liebe ist ein Kind und wollte spielen.

Einen nahm ich von euch und den zweiten
Und küsste ihn,

Aber meine Blicke blieben rückwärts gerichtet
Meiner Seele zu.

Arm bin ich geworden
Von eurer bettelnden Wohltat.

Und ich wusste nichts vom Kranksein,
Und bin krank von euch,

Und nichts ist diebischer als Kränke,
Sie bricht dem Leben die Füße,

Stiehlt dem Grabweg das Licht,
Und verleumdet den Tod.

Aber mein Auge
Ist der Gipfel der Zeit,

Sein Leuchten küsst
Gottes Saum.

Und ich will euch noch mehr sagen,
Bevor es finster wird zwischen uns.

Bist Du der Jüngste von euch,
So sollst Du mein Ältestes wissen.

Auf Deiner Seele werden es fortan
Alle Welten spielen.

Und die Nacht wird es wehklagen
Dem Tag.

Ich bin der Hieroglyph,
Der unter der Schöpfung steht.

Und ich artete mich nach euch,
Der Sehnsucht nach dem Menschen wegen.

Ich riss die ewigen Blicke von meinen Augen,
Das siegende Licht von meinen Lippen –

Weißt Du einen schwereren Gefangenen,
Einen böseren Zauberer, denn ich.

Und meine Arme, die sich heben wollen,
Sinken ......

Mein Volk [30.]

Der Fels wird morsch,
Dem ich entspringe
Und meine Gotteslieder singe ....
Jäh stürz ich vom Weg
Und riesele ganz in mir
Fernab, allein über Klagegestein
Dem Meer zu.

Hab mich so abgeströmt
Von meines Blutes
Mostvergorenheit.
Und immer, immer noch der Wiederhall
In mir,
Wenn schauerlich gen Ost
Das morsche Felsgebein,
Mein Volk,
Zu Gott schreit.

Zebaoth [31.]

Gott ich liebe Dich in Deinem Rosenkleide,
Wenn Du aus Deinen Gärten trittst, Zebaoth.
O, Du Gottjüngling,
Du Dichter,
Ich trinke einsam von Deinen Düften.

Meine erste Blüte Blut sehnte sich nach Dir,
So komme doch,
Du süßer Gott,
Du Gespiele Gott,
Deines Tores Gold schmilzt an meiner Sehnsucht.

Mein Sterbelied [32.]

Die Nacht ist weich von Rosensanftmut …
Komm gieb mir Deine beiden Hände her,
Mein Herz pocht spät
Und durch mein Blut
Wandert die letzte Nacht und geht
Und naht so weit und ewig wie ein Meer.

Und hast Du mich so sehr geliebt,
So nimm das Jubelndste von Deinem Tag,
Gieb mir, was keine Wolke trübt,
Das Gold von seinem frühsten Lenzschein …
Es wallen Harmonien aus der Nachtlandferne
Ich ziehe ein
Und werde Leben sein
Und Leben mich an Leben schmiegen, >

Wenn über mir Paradiessterne
Ihre ersten Menschen wiegen.

Mein Wanderlied [33.]

Zwölf Morgenhellen weit
Verschallt der Geist der Mitternacht,
Und meine Lippen haben ausgedacht
In stolzer Linie mit der Ewigkeit.

Torabwärts schreitet das Verflossene,
Indessen meine Seele sich im Glanz der Lösung bricht,
Ihr tausendheißes, weißes Licht
Scheint mir voran ins Ungegossene.

Und ich wachse über all Erinnern weit
So ferne Musik ... und zwischen Kampf und Frieden
Steigen meine Blicke hoch wie Pyramiden,
Und sind die Ziele hinter aller Zeit.

Der Letzte [34.]

Wilde Winde wehte ich,
Bis ich stand.
Alle Sterne träumen von mir,
Und ihre Strahlen werden goldener,
Und meine Ferne undurchdringlicher.
Ich lehne am geschlossenen Lid der Nacht
Und horche in die Ruhe. >

Wie mich der Mond umwandelt,
Immer leises, blindes Geschimmer murmelnd,
Ein Derwisch ist er in seinem Wandeltanz.
Weißgelbenjung hing sein Schein
Schaumleicht an der Nacht,
Und jäh über die Wolken sein Lawinengedröhne
Immer grauab
Mir zur Seite streifte sein Gold.
Mein Heimatmeer lauscht still in meinem Schoß,
Helles Schlafen – dunkles Wachen .....
In meiner Hand liegt schwer mein Volk begraben,
Und Wetter ziehen schüchtern über mich.
Ich lehne am geschlossenen Lid der Nacht
Und horche in die Ruhe.

Heim [35.]

Unsere Zimmer haben blaue Wände,
Und wir wandeln leisehin durch Himmelweiten,
Und am Abend legen Innigkeiten
Mit Engelaugen ineinander unsere Hände.

Und wir erzählen uns Geschichten,
Bis der Morgen kommt, in Silberglocken
Und dem Dämmersteine in den Locken,
Der Sonne winkt durchs Tor von Wolkenschichten.

Und wie sie tanzt auf unseren wiesenhellen
Teppichen; leicht über sanftverschlungene Blumenstiele!
Zum Liebeslauschen laden unsere Stühle,
Und von den Pfeilern fallen Seidenquellen.

Heimlich zur Nacht [36.]

Ich habe dich gewählt
Unter allen Sternen.

Und bin wach – eine lauschende Blume
Im summenden Laub

Unsere Lippen wollen Honig bereiten
Unsere schimmernden Nächte sind aufgeblüht.

An dem seligen Glanz deines Leibes
Zündet mein Herz seine Himmel an –

Alle meine Träume hängen an deinem Golde
Ich habe dich gewählt unter allen Sternen.

Das Lied meines Lebens [37.]

Sieh in mein verwandertes Gesicht ....
Tiefer beugen sich die Sterne
Sieh in mein verwandertes Gesicht.

Alle meine Blumenwege
Führen auf dunkle Gewässer,
Geschwister, die sich tötlich stritten.

Greise sind die Sterne geworden .....
Sieh in mein verwandertes Gesicht.

An Gott [38.]

Du wehrst den guten und den bösen Sternen nicht
All ihre Launen strömen.
In meiner Stirne schmerzt die Furche
Die tiefe Krone mit dem düsteren Licht.
Und meine Welt ist still
Du wehrtest meiner Laune nicht.
Gott wo bist du?
Ich möchte nah an deinem Herzen lauschen
Mit deiner fernsten Nähe mich vertauschen
Wenn goldverklärt in deinem Reich
Aus tausendseligem Licht
Alle die guten und die bösen Brunnen – rauschen – rauschen.

Und suche Gott [39.]

Ich habe immer vor dem Rauschen meines Herzens gelegen
Und nie den Morgen gesehen
Nie Gott gesucht.
Nun aber wandele ich um meines Kindes
Goldgedichtete Glieder
Und suche Gott.
Ich bin müde vom Schlummer
Weiß nur vom Antlitz der Nacht.
Ich fürchte mich vor der Frühe
Sie hat ein Gesicht
Wie die Menschen, die fragen.
Ich habe immer vor dem Rauschen
Meines Herzens gelegen
Nun aber taste ich um meines Kindes
Gottgelichtete Glieder.

Heimweh

[40.]

Ich kann die Sprache
Dieses kühlen Landes nicht
Und seinen Schritt nicht gehn.

Auch die Wolken, die vorbeiziehn,
Weiß ich nicht zu deuten.

Die Nacht ist eine Stiefkönigin.

Immer muss ich an die Pharaonenwälder denken
Und küsse die Bilder meiner Sterne.

Meine Lippen leuchten schon
Und sprechen Fernes,

Und bin ein buntes Bilderbuch
Auf deinem Schoß;

Aber dein Antlitz spinnt
Einen Schleier aus Weinen –

Meinen schillernden Vögeln
Sind die Korallen ausgestochen,

An den Hecken der Gärten
Versteinern sich ihre weichen Nester.

Wer salbt meine toten Paläste –
Sie trugen die Kronen meiner Väter,
Ihre Gebete versanken im heiligen Fluss.

Mein Liebeslied [41.]

Auf deinen Wangen liegen
Goldene Tauben.

Aber dein Herz ist ein Wirbelwind,
Dein Blut rauscht, wie mein Blut –

Süß
An Himbeersträuchern vorbei.

O, ich denke an dich – –
Die Nacht frage nur.

Niemand kann so schön
Mit deinen Händen spielen,

Schlösser bauen, wie ich
Aus Goldfinger;

Burgen mit hohen Türmen!
Strandräuber sind wir dann.

Wenn du da bist,
Bin ich immer reich.

Du nimmst mich so zu dir,
Ich sehe dein Herz sternen.

Schillernde Eidechsen
Sind deine Geweide.

Du bist ganz aus Gold –
Alle Lippen halten den Atem an.

Pharao und Joseph [42.]

Pharao verstößt seine blühenden Weiber,
Sie duften nach den Gärten Amons.

Sein Königskopf ruht auf meiner Schulter,
Die strömt Korngeruch aus.

Pharao ist von Gold.
Seine Augen gehen und kommen
Wie schillernde Nilwellen.

Sein Herz aber liegt in meinem Blut.
Zehn Wölfe gingen an meine Tränke.

Immer denkt Pharao
An meine Brüder,
Die mich in die Grube warfen.

Säulen werden im Schlaf seine Arme
Und drohen.

Aber sein träumerisch Herz
Rauscht auf meinem Grund.

Darum dichten meine Lippen
Große Süßigkeiten,
Im Weizen unseres Morgens.

Die Liebe [43.]

Verstecke mich in deinem Süßblut
Nähe mich in den Saum deiner Haut ein.

Immer tragen wir Herz vom Herzen uns zu.
Pochende Naht
Hält unsere Schwellen vereint.

Wo mag der Tod mein Herz lassen?
In einem Brunnen, der fremd rauscht –

In einem Garten, der steinern steht –
Er wird es in einen reißenden Fluss werfen.

Mir bangt vor der Nacht
Daran kein Stern hängt.

Denn unzählige Sterne meines Herzens
Vergolden deinen Blutspiegel.

Liebe ist aus unserer Liebe vielfältig erblüht.
Wo mag der Tod mein Herz lassen?

Leise sagen – [44.]

Du nahmst dir alle Sterne
Über meinem Herzen.

Meine Gedanken kräuseln sich
Ich muss tanzen.

Immer tust du das, was mich aufschauen lässt,
Mein Leben zu müden.

Ich kann den Abend nicht mehr
Über die Hecken tragen.

Im Spiegel der Bäche
Finde ich mein Bild nicht mehr.

Dem Erzengel hast du
Die schwebenden Augen gestohlen.

Aber ich nasche vom Seim
Ihrer Bläue.

Mein Herz geht langsam unter
Ich weiß nicht wo –

Vielleicht in deiner Hand.
Überall greift sie an mein Gewebe.

Versöhnung [45.]

Es wird ein großer Stern in meinen Schoß fallen …
Wir wollen wachen die Nacht,

In den Sprachen beten
Die wie Harfen eingeschnitten sind.

Wir wollen uns versöhnen die Nacht –
So viel Gott strömt über.

Kinder sind unsere Herzen,
Die möchten ruhen müdesüß.

Und unsere Lippen wollen sich küssen,
Was zagst du?

Grenzt nicht mein Herz an deins –
Immer färbt dein Blut meine Wangen rot.

Wir wollen uns versöhnen die Nacht,
Wenn wir uns herzen, sterben wir nicht.

Es wird ein großer Stern in meinen Schoß fallen.

Meine Mutter [46.]

War sie der große Engel,
Der neben mir ging?

Oder liegt meine Mutter begraben
Unter dem Himmel von Rauch –
Nie blüht es blau über ihrem Tode.

Wenn meine Augen doch hell schienen
Und ihr Licht brächten.

Wäre mein Lächeln nicht versunken im Antlitz,
Ich würde es über ihr Grab hängen.

Aber ich weiß einen Stern,
Auf dem immer Tag ist;
Den will ich über ihre Erde tragen.

Ich werde jetzt immer ganz allein sein
Wie der große Engel,
Der neben mir ging.

Ein alter Tibetteppich [47.]

Deine Seele, die die meine liebet
Ist verwirkt mit ihr im Teppichtibet

Strahl in Strahl, verliebte Farben,
Sterne, die sich himmellang umwarben.

Unsere Füße ruhen auf der Kostbarkeit
Maschentausendabertausendweit.

Süßer Lamasohn auf Moschuspflanzenthron
Wie lange küsst dein Mund den meinen wohl
Und Wang die Wange buntgeknüpfte Zeiten schon.

Rast [48.]

Mit einem stillen Menschen will ich wandern
Über die Berge meiner Heimat
Schluchzend über Schluchten,
Über hingestreckte Lüfte.

Überall beugen sich die Zedern
Und streuen Blüten.

Aber meine Schulter hängt herab
Von der Last des Flügels.
Suche ewige, stille Hände:
Mit meiner Heimat will ich wandern.

Dem Barbaren [49.]

Ich liege in den Nächten
Auf deinem Angesicht.

Auf deines Leibes Steppe
Pflanze ich Cedern und Mandelbäume.

Ich wühle in deiner Brust unermüdlich
Nach den goldenen Freuden Pharaos.

Aber deine Lippen sind schwer,
Meine Wunder erlösen sie nicht.

Hebe doch deine Schneehimmel
Von meiner Seele –

Deine diamantnen Träume
Schneiden meine Adern auf.

Ich bin Joseph und trage einen süßen Gürtel
Um meine bunte Haut.

Dich beglückt das erschrockene Rauschen
Meiner Muscheln.

Aber mein Herz lässt keine Meere mehr ein.
O du!!

Mein Herz heult schon über deine rauhen Ebenen
Und verscheucht meine seligen Sterne.

Abel [50.]

Kains Augen sind nicht gottwohlgefällig,
Abels Angesicht ist ein goldener Garten,
Abels Augen sind Nachtigallen.

Immer singt Abel so hell
Zu den Saiten seiner Seele,
Aber durch Kains Leib führen die Gräben der Stadt.

Und er wird seinen Bruder erschlagen –
Abel, Abel, dein Blut färbt den Himmel tief.

Wo ist Kain, da ich ihn stürmen will:
Hast du die Süßvögel erschlagen
In deines Bruders Angesicht?

Durch dein dumpfes Herz
Klagt Abels flatternde Seele.
Warum hast du deinen Bruder erschlagen, Kain?

Esther [51.]

Esther ist schlank wie die Feldpalme
Nach ihren Lippen duften die Weizenhalme
Und die Feiertage, die in Juda fallen.

Nachts ruht ihr Herz auf einem Psalme
Die Götzen lauschen in den Hallen.

Der König lächelt ihrem Nahen entgegen –
Denn überall blickt Gott auf Esther.

Die jungen Juden dichten Lieder an die Schwester
Die sie in Säulen ihres Vorraums prägen.

Boas [52.]

Ruth sucht überall
Nach goldenen Kornblumen
An den Hütten der Brothüter vorbei –

Bringt süßen Sturm
Und glitzernde Spielerei
Über Boas Herz;

Das wogt ganz hoch
Über seine Korngärten
Der fremden Schnitterin zu.

Abraham und Isaak [53.]

Abraham baute in der Landschaft Eden
Sich eine Stadt aus Erde und aus Blatt
Und übte sich mit Gott zu reden.

Die Engel ruhten gern vor seiner frommen Hütte
Und Abraham erkannte jeden;
Himmlische Zeichen ließen ihre Flügelschritte.

Bis sie dann einmal bang in ihren Träumen
Meckern hörten die gequälten Böcke
Mit denen Isaak opfern spielte hinter Süßholzbäumen.

Und Gott ermahnte Abraham;
Er brach vom Kamm des Meeres Muscheln ab und Schwamm
Hoch auf den Blöcken den Altar zu schmücken.

Und trug den einzigen Sohn gebunden auf den Rücken
Zu werden seinem großen Herrn gerecht –
Der aber liebte seinen Knecht.

Paul Zech [54.]

Sing Groatvatter woar dat verwunschene Bäuerlein
Aus Grimm sinne Märchens.

Der Enkelsonn ist ein Dichter.
Paul Zech schreibt mit der Axt seine Verse.

Man kann sie in die Hand nehmen,
So hart sind die.

Sein Vers wird zum Geschick
Und zum murrenden Volk.

Er lässt Qualm durch sein Herz dringen:
Ein düsterer Beter.

Aber seine Kristallaugen blicken
Unzählige Male den Morgen der Welt.

Giselheer dem Heiden [55.]

Ich weine –
Meine Träume fallen in die Welt.

In meine Dunkelheit
Wagt sich kein Hirte.

Meine Augen zeigen nicht den Weg
Wie die Sterne.

Immer bettle ich vor deiner Seele;
Weißt du das?

Wär ich doch blind –
Dächte dann, ich läg in deinem Leib.

Alle Blüten täte ich
Zu deinem Blut.

Ich bin vielreich
Niemand kann mich pflücken;

Oder meine Gaben tragen
Heim.

Ich will dich ganz zart mich lehren;
Schon weißt du mich zu nennen.

Sieh meine Farben,
Schwarz und stern

Und mag den kühlen Tag nicht,
Der hat ein Glasauge.

Giselheer dem Knaben [56.]

An meiner Wimper hängt ein Stern,
Es ist hell
Wie soll ich schlafen –

Und möchte mit dir spielen.
– Ich habe keine Heimat –
Wir spielen König und Prinz.

Ich bin dein Prinz
Dein Leib ist hold
Aus allen bunten Farben.

Dein Leib ist eine Seele.

Höre! [57.]

Ich raube in den Nächten
Die Rosen deines Mundes,
Dass keine Weibin Trinken findet.

Die dich umarmt,
Stiehlt mir von meinen Schauern,
Die ich um deine Glieder malte.

Ich bin dein Wegrand.
Die dich streift,
Stürzt ab.

Fühlst du mein Lebtum
Überall
Wie ferner Saum?

Der alte Tempel in Prag [58.]

(Paul Leppin, dem Dichter, gewidmet)

Tausend Jahre zählt der alte Tempel schon in Prag,
Staubfällig und ergraut ist längst sein Ruhetag,
Und die alten Väter schlossen seine Gitter.

Ihre Söhne ziehen nun in die Schlacht.
Der zerborstene Synagogenstern erwacht
Und er segnet seine jungen Judenritter.

Wie ein Glückstern über Böhmens Judenstadt,
Ganz aus Gold wie nur der Himmel Sterne hat:
Hinter seinem Glanze beten wieder Mütter.

Senna Hoy [59.]

Seit du begraben liegst auf dem Hügel
Ist die Erde süß.

Wo ich hingehe nun auf Zehen,
Wandele ich über reine Wege.

O, deines Blutes Rosen
Durchtränken sanft den Tod.

Ich habe keine Furcht mehr
Vor dem Sterben.

Auf deinem Hügel blühe ich schon
Mit den Blumen der Schlingpflanzen.

Deine Lippen haben mich immer gerufen,
Nun weiß mein Name nicht mehr zurück.

Jede Schaufel Erde, die dich barg,
Verschüttete auch mich.

Darum ist immer Nacht an mir
Und Sterne schon in der Dämmerung.

Und ich bin unbegreiflich unseren Freunden
Und ganz fremd geworden.

Aber du stehst am Tor der stillsten Stadt
Und wartest auf mich, du Großengel.

Georg Trakl † [60.]

Seine Augen standen ganz fern –
Er war als Knabe einmal schon im Himmel.

Darum kamen seine Worte hervor
Auf blauen und weißen Wolken.

Wir stritten über Religion;
Aber immer wie zwei Spielgefährte;

Und bereiteten Gott von Mund zu Mund;
Im Anfang war das Wort!

Des Dichters Herz, eine feste Burg.
Seine Gedichte, singende Thesen.

Er war wohl Martin Luther.

Seine dreifaltige Seele trug er in der Hand,
Als er in den »heiligen Krieg« zog.

Dann wusste ich, er war gestorben –

Sein Schatten weilte unbegreiflich
Auf dem Abend meines Zimmers.

⟨An Franz Marc⟩ [61.]

Franz Marc, der blaue Reiter vom Ried,
Stieg auf sein Kriegspferd.
Ritt über Benediktbeuern herab nach Unterbayern,
Neben ihm sein besonnener, treuer Nubier
Hält ihm die Waffe.
Aber um seinen Hals trägt er ein silbergeprägtes Bild
Und den totverhütenden Stein seines blonden Weibes.
Durch die Straßen von München hebt er sein biblisches Haupt
Im hellen Rahmen des Himmels.
Trost im stillen Mandelauge,
Donner sein Herz.
Hinter ihm und zur Seite viele, viele Soldaten.

Milly Steger [62.]

Milly Steger ist eine Bändigerin,
Haut Löwen und Panther in Stein.

Vor dem Theater in Hagen
Stehen ihre Großgestalten.

Böse Tollpatsche, ernstgewordene Hännesken,
Clowne, die mit ihren blutenden Seelen wehen.

Aber auch Brunnen, verschwiegene Weibsmopse
Zwingt Milly rätselhaft nieder.

Manchmal spielt sie mit Zündhölzchen,
Die entzünden sich in der Gulliverin Hand.

Sie schnitzt aus dem Holze Adam
Hinterrücks sein Weib.

Und Millys Herz lacht wie ein Apfel,
In ihren stahlblauen Augen sitzt ein Schalk.

Milly Steger die Bildhauerin ist eine Welt,
Meteore stößt sie von sich

Eine Büffelin an Wurfkraft,
Freut sie sich auch zart an dem blühenden Kern der Büsche.

Abschied [63.]

Aber du kamst nie mit dem Abend –
Ich saß im Sternenmantel.

.... Wenn es an mein Haus pochte,
War es mein eigenes Herz.

Das hängt nun an jedem Türpfosten,
Auch an deiner Tür;

Zwischen Farren verlöschende Feuerrose
Im Braun der Guirlande.

Ich färbte dir den Himmel brombeer
Mit meinem Herzblut.

Aber du kamst nie mit dem Abend –
.... Ich stand in goldenen Schuhen.

Bin ja aus einem Märchenbuch
Und muss nun immer weinen.

Theodor Däubler [64.]

Zwischen dem Spalt seiner Augen
Fließt dunkeler Golf.

Auf seinen Schultern trägt er den Mond
Durch die Wolken der Nacht.

Die Menschen werden Sterne um ihn
Und beginnen zu lauschen.

Er ist ungetrübt vom Ursprung,
Klar spiegelt sich das blaue Eden.

Er ist Adam und weiß alle Wesen
Zu rufen in der Welt.

Beschwört Geist und Getier
Und sehnt sich nach seinen Söhnen.

Schwer prangen an ihm Granatäpfel
Und spätes Geflüster der Bäume und Sträucher,

Aber auch das Gestöhn gefällter Stämme
Und die wilde Anklage der Wasser.

Es sammeln sich Werwolf und weißer Lawin,
Sonne und süßes Gehänge, viel viel Wildweinlaune.

Und Evviva, dir, Fürst von Triest!

Gebet [65.]

Ich suche allerlanden eine Stadt,
Die einen Engel vor der Pforte hat.
Ich trage seinen großen Flügel
Gebrochen schwer am Schulterblatt
Und in der Stirne seinen Stern als Siegel.

Und wandele immer in die Nacht …
Ich habe Liebe in die Welt gebracht,
Dass blau zu blühen jedes Herz vermag,
Und hab ein Leben müde mich gewacht,
In Gott gehüllt den dunklen Atemschlag.

O Gott, schließ um mich Deinen Mantel fest.
Ich weiß, ich bin im Kugelglas der Rest,
Und wenn der letzte Mensch die Welt vergießt,
Du mich nicht wieder aus der Allmacht lässt,
Und sich ein neuer Erdball um mich schließt.

O ich möcht aus der Welt! [66.]

Dann weinst du um mich.
Blutbuchen schüren
Meine Träume kriegerisch.

Durch finster Gestrüpp
Muss ich
Und Gräben und Wasser

Immer schlägt wilde Welle
An mein Herz,
Innerer Feind.

O ich möcht aus der Welt!
Aber auch fern von ihr
Irr ich ein Flackerlicht

Um Gottes Grab.

Ein Lied [67.]

Hinter meinen Augen stehen Wasser,
Die muss ich alle weinen.

Immer möcht ich auffliegen,
Mit den Zugvögeln fort;

Bunt atmen mit den Winden
In der großen Luft.

O ich bin traurig ....
Das Gesicht im Mond weiß es.

Drum ist viel samtne Andacht
Und nahender Frühmorgen um mich.

Als an deinem steinernen Herzen
Meine Flügel brachen,

Fielen die Amseln wie Trauerrosen
Hoch vom blauen Gebüsch.

Alles verhaltene Gezwitscher
Will wieder jubeln,

Und ich möchte auffliegen
Mit den Zugvögeln fort.

Abschied [68.]

Ich wollte dir immerzu
Viele Liebesworte sagen;

Nun suchst du ruhlos
Nach verlorenen Wundern.

Aber wenn meine Spieluhren spielen,
Feiern wir Hochzeit.

– O deine süßen Augen
Sind meine Lieblingsblumen;

Und dein Herz ist mein Himmelreich;
Lass mich hineinschau'n.

Du bist ganz aus glitzernder Minze
Und so weich versonnen .....

Ich wollte dir immerzu
Viele Liebesworte sagen, –

Warum tat ich das nicht?

Hagar und Jsmaël [69.]

Max Reinhardt schenke ich dieses Gedicht

Mit Muscheln spielten Abrahams kleine Söhne
Und ließen schwimmen die Perlmutterkähne;
Dann lehnte Isaak bang sich an den Jsmaël

Und traurig sangen die zwei schwarzen Schwäne
Um ihre bunte Welt ganz dunkle Töne
Und die verstoßne Hagar raubte ihren Sohn sich schnell.

Vergoss in seine kleine ihre große Träne,
Und ihre Herzen rauschten wie der heilige Quell,
Und übereilten noch die Straußenhähne.

Die Sonne aber brannte auf die Wüste grell
Und Hagar und ihr Knäblein sanken in das gelbe Fell
Und bissen in den heißen Sand die weißen Negerzähne.

Joseph [70.]

Die Winde spielten müde mit den Palmen noch
So dunkel war es schon um Mittag in der Wüste,
Und Joseph sah den Engel nicht, der ihn vom Himmel grüßte
Und weinte, da er für des Vaters Liebe büßte
Und suchte nach dem Cocos seines schattigen Herzens doch.

Der bunte Brüderschwarm zog wieder nach Gottosten
Und er bereute seine schwere Untat schon
Und auf den Sandweg fiel der schnöde Silberlohn.
Die fremden Männer aber ketteten des Jakobs Sohn
Bis ihm die Häute drohten mit dem Eisen zu verrosten.

So oft sprach Jakob inbrünstig zu seinem Herrn,
Sie trugen gleiche Bärte, Schaum von einer Eselin gemolken
Und Joseph glaubte jedesmal sein Vater blicke aus den Wolken
Und eilte über heilige Bergeshöhn, ihm nachzufolgen
Bis er dann ratlos einschlief unter einem Stern.

Die Käufer lauschten dem entrückten Knaben,
Des Vaters Andacht atmete aus seinem Haare;
Und sie entfesselten die edelblütige Ware
Und drängten sich zu tragen, Canaans Prophet in einer Bahre,
Wie die bebürdeten Kameele durch den Sand zu traben.

Egypten glänzte feierlich in goldenen Mantelfarben
Da dieses Jahr die Ernte auf den Salbtag fiel.
Die kleine Karawane, endlich nahte sie dem Ziel.
Sie trugen Joseph in das Haus des Potiphars am Nil.
An seinem Traume hingen aller Deutung Garben.

Gott hör .... [71.]

Hugo Simon dem Boas

Um meine Augen zieht die Nacht sich
Wie ein Ring zusammen.
Mein Puls verwandelte das Blut in Flammen
Und doch war alles grau und kalt um mich.

O Gott und bei lebendigem Tage
Träum ich vom Tod.
Im Wasser trink ich ihn und würge ihn im Brot.
Für meine Traurigkeit fehlt jedes Maß auf deiner Waage.

Gott hör, in deiner blauen Lieblingsfarbe
Sang ich das Lied von deines Himmels Dach.
Und wurde doch für deinen ewigen Hauch zu wach.
Mein Herz schämt sich vor dir fast seiner tauben Narbe.

Wo ende ich, o Gott, denn in die Sterne,
Auch in den Mond sah ich in alle deiner Früchte Tal.
Der rote Wein wird schon in seiner Beere schaal
Und überall die Bitternis in jedem Kerne.

⟨An meine Freunde⟩ [72.]

Nicht die tote Ruhe –
Bin nach einer stillen Nacht schon ausgeruht.
O, ich atme Geschlafenes aus,
Den Mond noch wiegend
Zwischen meinen Lippen.

Nicht den Todesschlaf –
Schon im Gespräch mit euch, himmlisch Konzert,
Ruhe ich aus.
Und neu Leben anstimmt
In meinem Herzen.

Nicht der Überlebenden schwarzer Schritt –
Zertretene Schlummer zersplittern den Morgen.
Hinter Wolken, verschleierte Sterne
Über Mittag versteckt –
So immer wieder neu uns finden.

In meinem Elternhause nun
Wohnt der Engel Gabriel.
Ich möchte innig mit euch zungenreden,
Seelige Ruhe in einem Fest feiern –
Sich die Liebe mischt mit unserm Wort.

Aus mannigfaltigem Abschied
Steigen aneinandergeschmiegt die goldenen Staubfäden,
Und nicht ein Tag ungesüßt bleibt
Zwischen wehmütigem Kuss
Und Wiedersehn.

Nicht die tote Ruhe
So ich liebe im Odem sein.
– Auf Erden mit euch im Himmel schon –
Allfarbig malen auf blauem Grund
Das ewige Leben.

Marianne von Wereffkin [73.]

Marianne spielt mit den Farben Russlands malen:
Grün, Hellgrün, Rosa, Weiß,
Und namentlich der Kobaltblau
Sind ihre treuen Spielgefährten.

Marianne von Wereffkin –
Ich nannte sie den adeligen Straßenjungen.
Schelm der Russenstadt, im weiten Umkreis
Jeden Streich gepachtet.

Ihren Vater, der Verweser Alexanders,
Trägt sie im Medaillon um ihren Hals.
Marianne malte ihn, achtjährig war sie erst:
Hier *fiel* vom Himmel eine Meisterin.

Goldene Saat wächst auf ihrer Landschaft,
Wenn gottgefällig sich ein Baurenvolk
Im Kreise um die reiche Ernte freut.
Man hört vom Turm Geläut, malt sie den Sonntag.

Mariannens Bilder sind Geschöpfe,
Sie atmen und voll Leben strömen sie
Und wie ein Meer und wie ein Wald
Bergen sie auch tiefsten Frieden in sich.

Mariannens Seele und ihr unbändig Herz
Spielen gern zusammen Freud und Leid,
Wie sie so oft die Melancholie
Hinmalt mit zwitschernden Farbentönen.

An die Einwohnerschaft Berlins [74.]

Ihr lieben Leute lasst Euch sagen
Dass ich seit Jahren keine Wohnung hab.
Und die es lesen will ich fragen,
»Wer lässt mir einige Zimmer ab?«

Damit wir uns nun auch vertragen –
Mit eigenem Eingang Vorder- oder Hinterhaus!
Geteilte Wohnung, abgeschlagen,
Möbliert, auch leer macht mir nichts aus.

O überlegt und lasst mich nicht verzagen.
Ich, die ich Euch so viele Verse gab;
Gern will die Kosten ich der Miete tragen
Vom Tag des Einzugs bis ins kühle Grab.

Abschied [75.]

Der Regen säuberte die steile Häuserwand.
Ich schreibe auf den weißen, steinernen Bogen
Und fühle sanft erstarken meine müde Hand
Von Liebesversen, die mich immer süß betrogen.

Ich wache in der Nacht stürmisch auf hohen Meereswogen!
Vielleicht entglitt ich meines Engels liebevoller Hand,
Ich hab die Welt, die Welt hat *mich* betrogen,
Ich grub den Leichnam zu den Muscheln in den Sand.

Wir blicken all zu einem Himmel auf, missgönnen uns das Land? –
Warum hat Gott im Osten wetterleuchtend sich verzogen,
Vom Ebenbilde seines Menschen übermannt.

Ich wache in der Nacht stürmisch auf hohen Meereswogen!
Und was mich je mit seiner Schöpfung Ruhetag verband,
Ist wie ein spätes Adlerheer unstät in diese Dunkelheit geflogen.

Jankel Adler [76.]

Man nennt ihn überall den lieben Jankel.
Wir sind aus einer Stadt und gingen in dieselbe Schule
Und schlidderten mit Vorliebe über zugefrorene Gossen.

Der liebe Jankel hatte damals schon zwei Knospen im Gesicht,
Die tun sich heute auf verklärt und bibelvoll
Erzählt er uns vom Balchem.

Im Traum zur Nacht trägt man ihn feierlich,
Wie seinen Urrabunivater einst auf Zweig und Blatt
Vom stillen Walde in die Hallelujastadt.

Weiht er doch jedes Bildnis, das er malt,
Mit dichterischer, großer Harfenschrift
Seinem jungen Gotte Zebaoth.

Und selbst dem Argen unter den Gestalten,
Dem trügerischen Goldverleiher mit dem Fuchshaar,
Heiligt der Davidstern des alten Judenbluts!

Die Wupperstadt mit rosigem Sterbevogel –
Im Morgenrot und frühen Tod und brüderlichen Psalm:
»Mein kleines Schwesterlein ruht hier in Frieden.«

Und ebenso voll Herrlichkeit das Bildnis seines Freundes:
Aribert des großen Schauspielers Wäscher in Berlin:
Durchsichtig aus Buntkristall, Farbe kristallisierte sich.

Hingegen im begabten Maler Seyferts Kopf
Wird Jankels Farbe zu geronnenem Blut.
Schauervoll … Herzschlag setzt aus.

Im wahren Sinn des Wortes malte aus der
Vogelperspektive
Mein Heimatfreund krähend den »Hahnenverkäufer«.
(Es riecht tatsächlich nach Gefieder.)

In dieser Bildeshöhe zeitlosem Geschmeide
Wird Jankel Adler der hebräische Rembrandt.

Letzter Abend im Jahr [77.]

Es ist so dunkel heut,
Man kann kaum in den Abend sehen.
Ein Lichtchen loht,
Verspieltes Himmelchen spielt Abendrot
Und weigert sich, in seine Seligkeit zu gehen.
– So alt wird jedes Jahr die Zeit.
Und die vorangegangene verwandelte der Tod.

Mein Herz blieb ganz für sich
Und fand auf Erden keinen Trost. >

Und bin ich auch des Mondes Ebenich,
Geleitetest auch du im vorigen Leben mich,
Und sah ich auch den blausten Himmel im Gottost.

O Gott, wie kann der Mensch verstehen
– Das Weltall spaltet sich doch nicht –,
Warum der Mensch haltlos vom Menschtum bricht,
Sich wieder sammeln muss im höheren Geschehen.

Ein Lied an Gott [78.]

Es schneien weiße Rosen auf die Erde,
Warmer Schnee schmückt milde unsere Welt;
Die weiß es, ob ich wieder lieben werde,
Wenn Frühling sonnenseiden niederfällt.

Zwischen Winternächten liegen meine Träume
Aufbewahrt im Mond, der mich betreut –
Und mir gut ist, wenn ich hier versäume
Dieses Leben, das mich nur verstreut.

Ich suchte Gott auf unbeschienenen Wegen
Und kräuselte die Lippe nie zum Spott.
In meinem Herzen fällt ein Tränenregen.
Wie soll ich dich erkennen lieber Gott ....

Da ich dein Kind bin, schäme ich mich nicht
Dir ganz mein Herz vertrauend zu entfalten.
Schenk mir ein Lichtchen von dem ewigen Licht! – – –
Zwei Hände, die mich lieben, sollen es mir halten.

So dunkel ist es fern von deinem Reich
O Gott, wie kann ich weiter hier bestehen.
Ich weiß, du formtest Menschen, hart und weich
Und weintest gotteigen, wolltest du wie Menschen sehen.

Mein Angesicht barg ich so oft in deinem Schoß
Ganz unverhüllt: du möchtest es erkennen.
Ich und die Erde wurden wie zwei Spielgefährten groß
Und dürfen »du« dich beide, Gott der Welten, nennen.

So trübe aber scheint mir gerade heut die Zeit
Von meines Herzens Warte aus gesehen;
Es trägt die Spuren einer Meereseinsamkeit
Und aller Stürme sterbendes Verwehen.

Rosen, Nelkenseifen, weiß und lila Flieder [79.]
Liegen waschgerecht in sauberen Schachteln immer wieder.
Zwischen Kitschodeuren und Lavendel
Pflegt man zu verpacken allerhändl,
Für den Schauenden zum Zeitvertreib.
In den Tagen unserer Osterzeit
Schäumen Osterhasen gar nicht teuer,
Besen, Scheuertücher, »Liebgeruch« für Tante Maier,
Pinsel mit und ohne Stiel
Und zur Seite ihnen Lux und auch Persil,
Soda, Wichse, beinah viel zu viel,
Nippes sind mir all die primitiven Dinge,
und ich wand're weiter und ich singe.

Aus der Ferne [80.]

Die Welt, aus der ich lange mich entwand,
Ruht kahl, von Glut entlaubt, in dunkler Hand.
Die Heimat, die ich heiß mit Liebe überhäufte,
Blieb immer mir nur ein Stiefmutterland –
Aus dem ich lebend in die Himmel reifte.

Es wachsen auch die Seelen der gefällten Bäume
Auf Erden schon in Gottes blaue Räume,
Um inniger von Seiner Herrlichkeit zu träumen.

Und auch der Mond und seine Lieblingssterne,
Spielen mit den bunten Muschelschäumen
Und hüten über Meere Gottes Geist so gerne.

So fern hab ich mir nie die Ewigkeit gedacht ...
Es weinen über unsere Welt die Engel in der Nacht.
Sie läuterten mein Herz, die Fluren zu versüßen,
Und ließen euch in meinen Versen grüßen.

Ouvertüre [81.]

Wir trennten uns im Vorspiele der Liebe,
An meinem Herzen glitzerte noch hell dein Wort –
Und still verklangen wir im Stadtgetriebe,
Im Abendschleier der Septembertrübe,
In einem schluchzenden Akkord.

Doch in der kurzen Liebesouvertüre,
Entschwanden wir von dieser Erde fort, >

Durch Paradiese bis zur Himmelstüre,
Und es bedurfte nicht der ewigen Liebesschwüre,
Und nicht der Küsse blauer Zaubermord.

Und meiden doch seitdem uns wie zwei Diebe –
Und nur geheim betreten wir den Ort,
Wo uns vergoldete – die Liebe.
Bewahren wir sie, dass sie nicht erfriere,
Oder im Alltag blinder Lust verdorrt.
Ich weinte bitterlich – wenn ich es einst erführe.

[82.]

Ich schließ das Fenster zu; betrübt ist mein Gemüt …
Die letzte Drossel singt der einzigen Beere noch ihr Liebeslied.
Die Rosenstöcke überwintern unterm Moose in der Grube.
Ich leide mit den Stämmen ob des grünen Raubes;
Es labt sich stürmisch der Novemberbube
Am gärenden Smaragd des späten Laubes.
Und steckt sich frische Fröste an den Hut.
Mit einem Pfiffe kühlt er meine Stube,
Jedwedes Nest mit seiner späten Brut.

[83.]

Wir stehen längst geknickt wo angelehnt,
Am grauen Steine einer alten Mauer,
So ausgelöscht und haben uns gesehnt,
Nach einem einzigen Lichtchen in der Weltentrauer.
Wie nie auf einmal standen wir im Glanz …
Und unsere feierlichen Äste hingegeben,
Verklangen ineinander wie ein Tempeltanz. >

Was soll ich weiter – und auch du – mit deinem Leben,
Lichtlosem Dasein, das hell über Nacht – und – umgebracht –
Mit deinem funkelte noch eben.

Abendzeit [84.]

Erblasst ist meine Lebenslust ....
Ich fiel so einsam auf die Erde.
Von wo ich kam – hat nie ein Mensch gewusst –
– Nur du, da ich vereint einst mit dir werde.

Ich bin von Meeresbuchten weit umstellt;
Jedwedes Ding erlebe ich im Schaume.
Der Mensch, der feindlich mich ereilt, zerschellt,
Und ich weiß nur von ihm im Traume.

Und so erlebe ich die Schöpfung dieser Welt
Auf Erden schon entkommen ihrer Schale.
Und du der Stern, der hoch vom Himmel fällt,
Vergräbt sich tief in meines Herzens Tale.

Die Abendzeit verdüstert sehr mein Blut,
Durchädert qualvoll meine müde Seele.
Nackt steigt sie wieder aus der vorweltlichen Flut
Und bangt, dass sie verkörpert hier auf Erden fehle.

Und was der Tag, noch ehe er erwacht,
Versäumte morgenrötlich zu erleben,
Reicht ihm das träumerische Bilderspiel der Nacht,
In lauter bunterlei Geweben.

Es bringen ferne Hände mir nach Haus
Aus gelben Sicheln einen frommen Strauß.
Der Zeiger wandelt leise um das Zifferblatt
Der Sonnenuhr, die Gold von meinem Leben hat.

Sie glüht vom Pochen überwacht
Und läutet zwischen Nacht und Mitternacht ….
Da wir uns sahen in der rätselhaften Stunde –
Dein Mund blüht, tausendschön, auf meinem Munde.

All meine Lebenslust entfloh
Im dunklen Gewande mit der Abendzeit.
Ich suchte unaufhörlich einen Himmel wo ….
Nur in der *Offenbarung* ist der Weg zu ihm nicht weit.

Und weiß es nicht, ob meine Mutter mein ….
Es war, die mir erschien im lichten Engelskleid ….
Bald ruht mein Herz zeitlos im Immersein ….
Geweihter Talisman für alle Ewigkeit.

Die Verscheuchte [85.]

Es ist der Tag in Nebel völlig eingehüllt,
Entseelt begegnen alle Welten sich –
Kaum hingezeichnet wie auf einem Schattenbild.

Wie lange war kein Herz zu meinem mild ….
Die Welt erkaltete, der Mensch verblich.
– Komm, bete mit mir – denn Gott tröstet mich.

Wo weilt der Odem, der aus meinem Leben wich? –
Ich streife heimatlos zusammen mit dem Wild
Durch bleiche Zeiten träumend – ja, ich liebte dich.

Wo soll ich hin, wenn kalt der Nordsturm brüllt – ?
– Die scheuen Tiere aus der Landschaft wagen sich –
Und ich – vor deine Tür, ein Bündel Wegerich.

Bald haben Tränen alle Himmel weggespült,
An deren Kelchen Dichter ihren Durst gestillt,
Auch du und ich.

Und deine Lippe, die der meinen glich,
Ist wie ein Pfeil nun blind auf mich gezielt –.

Ich liege wo am Wegrand übermattet [86.]

Ich liege wo am Wegrand übermattet –
Und über mir die finstere, kalte Nacht
Und zähl schon zu den Toten, längst bestattet.

Wo soll ich auch noch hin von Grauen überschattet,
Schutzengel haben nur auf Kinder acht –
Doch glaubt ich, dass ihr Menschen lieb mich hattet.

Die ich vom Monde euch mit Liedern still bedacht,
Und weite Himmel blauvertausendfacht;
Nur weil ihr Gott zur Ehre alles tatet.

Die heilige Liebe, die ihr blind zertratet,
Ist ja Sein Ebenbild! – Ihr habt es umgebracht,
Zu dem ihr herzhinpochend einst gewallfahrtet.

Darum auch lebten du und ich in einem Schacht
Und doch im Paradiese blumumblattet –
Bis wir erlagen hold versunken schwarzer Niedertracht.

Es kommt der Abend … [87.]

Es kommt der Abend und ich tauche in die Sterne,
Dass ich den Weg zur Heimat im Gemüte nicht verlerne.
Umflorte sich auch längst mein mich vertriebenes Land.

Es ruhen unsere Herzen liebverwandt,
Gepaart in einer Schale: Weiße Mandelkerne.

…. Ich weiß Du hältst wie früher meine Hand
Verwunschen in der Ewigkeit der Ferne ….
Ach meine Seele rauschte, als dein Mund – es mir gestand.

Ich weiß … [88.]

Ich weiß, dass ich bald sterben muss –
Es leuchten doch alle Bäume
Nach langersehntem Julikuss.

Fahl werden meine Träume.
Nie dichtete ich einen trüberen Schluss
In den Büchern meiner Reime.

Eine Blume brichst du mir zum Gruß,
Ich liebte sie schon im Keime
… Doch ich weiß, dass ich bald sterben muss.

Mein Odem schwebt über Gottes Fluss –
Ich setze leise meinen Fuß
Auf dem Pfad zum ewigen Heime.

Mein blaues Klavier [89.]

Ich habe zu Hause ein blaues Klavier
Und kenne doch keine Note.

Es steht im Dunkel der Kellertür,
Seitdem die Welt verrohte.

Es spielten Sternenhände vier –
Die Mondfrau sang im Boote.
– Nun tanzen die Ratten im Geklirr.

Zerbrochen ist die Klaviatur.
Ich beweine die blaue Tote.

Ach liebe Engel öffnet mir
– Ich aß vom bitteren Brote –
Mir lebend schon die Himmelstür,
Auch wider dem Verbote.

Komm mit mir in das Cinema, [90.]
Dort findet man, was einmal war:
Die Liebe!

Liegt meine Hand in deiner Hand
Ganz übermannt im Dunkel, >

Trompetet wo ein Elefant
Urplötzlich aus dem Dschungel –

Und schnappt nach uns aus heißem Sand
Auf seiner Filmenseide
Ein Krokodilweib, hirnverbrannt,
Dann – küssen wir uns beide.

Über glitzernden Kies [91.]

Könnt ich nach Haus .....
Die Lichte gehen aus,
Erlischt ihr letzter Gruß.

Wo soll ich hin?
O Mutter mein, weißt du's?
Auch unser Garten ist gestorben.

Es liegt ein grauer Nelkenstrauß
Im Winkel wo im Elternhaus –
Er hatte große Sorgfalt sich erworben.

Umkränzte das Willkommen an den Toren
Und gab sich ganz in seiner Farbe aus.
O liebe Mutter! ......

Versprühte Abendrot,
Am Morgen weiche Sehnsucht aus –
Bevor die Welt in Schmach und Not.

Ich habe keine Schwestern mehr;
Und keine Brüder.
Der Winter spielte mit dem Tode in den Nestern –
Und Reif erstarrte alle Liebeslieder.

Mein Liebeslied [92.]

In meinem Schoße
Schlafen die dunklen Wolken – –
Darum bin ich so traurig, du Holdester.

Ich muss deinen Namen rufen
Mit der Stimme des Paradiesvogels,
Wenn sich meine Lippen bunt färben.

Es schlafen schon alle Bäume im Garten, –
Auch der nimmermüde
Vor meinem Fenster.

Es rauscht der Flügel des Geiers
Und trägt mich durch die Lüfte
Bis über dein Haus.

Meine Arme legen sich um deine Hüften,
Mich zu spiegeln
In deines Leibes Verklärtheit.

Lösche mein Herz nicht aus! ....
Du den Weg findest
Immerdar.

Jerusalem [93.]

Gott baute aus Seinem Rückgrat: Palästina
aus einem einzigen Knochen: Jerusalem

Ich wandele wie durch Mausoleen –
Versteint ist unsere Heilige Stadt.
Es ruhen Steine in den Betten ihrer toten Seen
Statt Wasserseiden, die da spielten: kommen und vergehen.

Es starren Gründe hart den Wanderer an –
Und er versinkt in ihre starren Nächte.
Ich habe Angst, die ich nicht überwältigen kann.

Wenn du doch kämest .....
Im lichten Alpenmantel eingehüllt –
Und meines Tages Dämmerstunde nähmest –
Mein Arm umrahmte dich, ein hilfreich Heiligenbild.

Wie einst wenn ich im Dunkel meines Herzens litt –
Da deine Augen beide: blaue Wolken.
Sie nahmen mich aus meinem Trübsinn mit.

Wenn du doch kämest –
In das Land der Ahnen –
Du würdest wie ein Kindlein mich ermahnen:
Jerusalem – erfahre Auferstehen!

Es grüßen uns
Des »Einzigen Gotts« lebendige Fahnen,
Grünende Hände, die des Lebens Odem säen.

Mein Herz ruht müde [94.]

Mein Herz ruht müde
Auf dem Samt der Nacht
Und Sterne legen sich auf meine Augenlide .....

Ich fließe Silbertöne der Etüde – – –
Und bin nicht mehr und doch vertausendfacht.
Und breite über unsere Erde: Friede.

Ich habe meines Lebens Schlussakkord vollbracht –
Bin still verschieden – wie es Gott in mir erdacht:
Ein Psalm erlösender – damit die Welt ihn übe.

Ein Liebeslied [95.]

Komm zu mir in der Nacht – wir schlafen engverschlungen.
Müde bin ich sehr, vom Wachen einsam.
Ein fremder Vogel hat in dunkler Frühe schon gesungen,
Als noch mein Traum mit sich und mir gerungen.

Es öffnen Blumen sich vor allen Quellen
Und färben sich mit deiner Augen Immortellen .....

Komm zu mir in der Nacht auf Siebensternenschuhen
Und Liebe eingehüllt spät in mein Zelt.
Es steigen Monde aus verstaubten Himmelstruhen.

Wir wollen wie zwei seltene Tiere liebesruhen
Im hohen Rohre hinter dieser Welt.

Ich säume liebentlang [96.]

Ich säume liebentlang durchs Morgenlicht,
Längst lebe ich vergessen – im Gedicht.
Du hast es einmal mir gesprochen.

Ich weiß den Anfang –
Weiter weiß ich von mir nicht.
Doch hörte ich mich schluchzen im Gesang.

Es lächelten die Immortellen hold in deinem Angesicht,
Als du im Liebespsalme unserer Melodie,
Die Völker tauchtest und erhobest sie.

An Apollon [97.]

Es ist am Abend im April.
Der Käfer kriecht ins dichte Moos.
Er hat »so« Angst – die Welt »so« groß!

Die Wirbelwinde hadern mit dem Leben,
Ich halte meine Hände still ergeben
Auf meinem frommbezwungenen Schoß.

Ein Engel spielte sanft auf blauen Tasten,
Langher verklungene Phantasie.
Und alle Bürde meiner Lasten,
Verklärte und entschwerte sie.

Jäh tut mein sehr verwaistes Herz mir weh –
Blutige Fäden spalten seine Stille. >

Zwei Augen blicken wund durch ihre Marmorhülle
In meines pochenden Granates See.

Er legte Brand an meines Herzens Lande –
Nicht mal sein Götterlächeln
Ließ er mir zum Pfande.

Ich schlafe in der Nacht – [98.]

Ich schlafe in der Nacht an fremden Wänden
Und wache in der Frühe auf an fremder Wand.
Ich legte mein Geschick in harten Händen
Und reihe Tränen auf, so dunkle Perlen ich nie fand.

Ich habe einmal einen blauen Pfad gekannt
Doch weiß ich nicht mehr wo ich mich vor dieser Welt befand.
Und – meine Sehnsucht will ich enden! …

Vom Himmel her sind beide wir verwandt
Und unsere Seelen schweben übers Heilige Land
In e i n e m Sternenkleide leuchtend um die Lenden.

Meine Freiheit [99.]
Soll mir niemand rauben.

Sterb ich am Wegrand wo,
Liebe Mutter,

Kommst du und hebst mich
Auf deinem Flügel zum Himmel.

Ich weiß dich rührte
Mein einsam Wandeln

Der spielende Ticktack
Meines Kinderherzens.

Mein Sterbelied [100.]

»Bin welk und mürbe –
Mir ist, als ob ich stürbe –
Ja, gestorben bin.«

Entblättert ist mein Sinn –
Das Licht meiner Augen trübe.

Der Himmel meiner Liebe
Sank in die Grube,
In mein steiles Kinn.

Es blühen in meiner Stube
Deine Lieblingsblumen zwischen Immergrün
Und meinem Rosmarin.

Doch alle beglückenden Farben
Seit meines Lebens Anbeginn
Aus meinem Leben entfliehn,

Die mich ganz bunt umwarben –
Starben …

Um mit dem Wolkenbild
In die Himmlischkeit zu ziehn.

Anhang

Zu dieser Ausgabe

Textgrundlage bilden die Erstdrucke der Gedichte, die vielfach zunächst in Zeitschriften, Zeitungen oder Almanachen erschienen sind, teilweise aber auch zuerst in Buchausgaben, d. h. entweder in den Gedichtzyklen (*Styx*, *Der siebente Tag*, *Meine Wunder*, *Hebräische Balladen* und *Mein blaues Klavier*) oder als integraler Bestandteil der Prosatexte (vgl. die Auflistung in der Bibliographie). Bei den in Periodika erstveröffentlichten Gedichten wird jeweils nur der erste Abdruck in Buchform aufgeführt. Alle weiteren Drucke zu Lebzeiten in Zeitschriften, Anthologien und sonstigen Textsammlungen sowie Werkausgaben werden hier nicht verzeichnet. Dazu sei auf die vollständige Dokumentation der Überlieferungsgeschichte im Apparat der *Kritischen Ausgabe* (KA 1.2) verwiesen, durch die das für ELS typische Verfahren der Mehrfachverwertung ihrer Texte sichtbar wird. Dort sind auch sämtliche Varianten verzeichnet, auf deren Wiedergabe hier verzichtet wird.

Bei der Textwiedergabe werden orthographische Eigentümlichkeiten (z. B. *tötlich*, *seelig*) und die sehr individuell gehandhabte Zeichensetzung nicht normalisiert. Stillschweigend korrigiert werden nur Fälle wie z. B. *Aeste* > *Äste*, *Oele* > *Öle*, *Ueber* > *Über*, *süss* > *süß*, *Thränen* > *Tränen*, *Erkenntniß* > *Erkenntnis* oder *Tron* > *Thron*. Da bereits in den Erstdrucken eine uneinheitliche Benutzung des Graphems ß nach Kurzvokalen festzustellen ist, wird in diesem Fall eine Normalisierung nach den heute geltenden Rechtschreibregeln vorgenommen, also z. B. *daß* durch *dass* ersetzt. Ferner werden die Gedichttitel und -untertitel – entgegen damaligen Gepflogenheiten – ohne Punkt abgedruckt. Alle übrigen Korrekturen bzw. Emendationen werden einzeln aufgeführt.

Läuft die Strophe eines hier abgedruckten Gedichts ohne eine Unterbrechung durch eine Leerzeile auf der nächsten Seite fort, zeigt dies eine kleine Pfeilspitze > an.

Siglen, Abkürzungen und diakritische Zeichen

Abb. = Abbildung
AT = Altes Testament
D^1, D^2 usw. = Erstdruck, Zweitdruck usw.
ED = Erstdruck
ELS = Else Lasker-Schüler
H^1, H^2 usw. = Handschrift eins, zwei usw.
H. = (Zeitschriften-)Heft
KA = Kritische Ausgabe: ELS Werke und Briefe (s. u. Bibliographie: Werkausgaben)
Kap. = Kapitel
Ms. = Manuskript
n. p. = nicht paginiert
NT = Neues Testament
Sp. = Spalte
u. d. T. = unter dem Titel
V. = Vers
Zs. = Zeitschrift
/ Versgrenze; // Strophengrenze bzw. Absatzende (bei Prosatexten)

In spitzen Klammern ⟨ ⟩ erscheinen titellose Gedichte, deren Titel jedoch – in Anlehnung an die Kritische Ausgabe (KA 1) – rekonstruiert worden ist, etwa bei Prosatexten über Personen, die Gedichte enthalten. Ansonsten werden innerhalb des Kommentarteils die ersten Verse von titellosen Gedichten in runden Klammern mit drei Pünktchen am Schluss aufgeführt.

Als Referenzausgabe wird in der Regel die Kritische Ausgabe der *Werke und Briefe* benutzt (KA 1996 ff.; s. u.). – Bibel-Zitate erfolgen nach der Luther-Übersetzung (Ausgabe: 1912).

Drucknachweise und Kommentar

1. Vorahnung

Drucke: D[1] *Die Gesellschaft. Halbmonatschrift für Litteratur, Kunst und Sozialpolitik*, 15. Jg. (1899), Bd. 3, H. 4, S. 243; D[2] *Styx* (1902 [Ende 1901]), S. 61 (u. d. T. *Volkslied*).

Kommentar: 2 *Mein Kind:* autobiographische Anspielung auf den am 24. August 1899 geborenen Sohn Paul; den Namen des Vaters hielt ELS zeitlebens geheim. – 7 *Meiner Mutter Wiegenfest ist heut':* ELSs Mutter Jeanette Schüler (geb. Kissing; 1838–1890) hatte am 26. April Geburtstag. – 8 *Gestorben sind Vater und Mutter beid':* ELSs Mutter war 1890 verstorben, ihr Vater Aron Schüler lebte von 1825 bis 1897.

2. Verwelkte Myrten

Druck: D[1] *Die Gesellschaft. Halbmonatschrift für Litteratur, Kunst und Sozialpolitik*, 15. Jg. (1899), Bd. 3, H. 4, S. 243 f.

Kommentar: [Titel] *Myrten:* Zu Kränzen geflochtene Zweige des immergrünen, im Sommer weiß blühenden Myrtenstrauches wurden schon in der Antike als Brautschmuck verwendet, da sie als Symbol der Jungfräulichkeit und Fruchtbarkeit galten. In biographischer Lesart verweist der Titel *Verwelkte Myrten* auf ELSs zunehmende Entfremdung von ihrem Ehemann Berthold Lasker (1860–1928), mit dem sie seit 1894 verheiratet war; die Scheidung wurde 1903 vollzogen.

3. Trieb

Drucke: D[1] *Die Gesellschaft. Halbmonatschrift für Litteratur, Kunst und Sozialpolitik*, 16. Jg. (1900), Bd. 4, H. 2, S. 122; D[2] *Styx* (1902 [Ende 1901]), S. 16.

4. Jugend

Drucke: D[1] *Das Magazin für Litteratur* (Berlin), 69. Jg., Nr. 22 (2. Juni 1900), S. 55; D[2] *Styx* (1902 [Ende 1901]), S. 55.

Kommentar: 3 *Sensemann:* personifizierte Allegorie des Todes, wie sie auf zahlreichen bildlichen Darstellungen des Mittelalters (z. B. Totentanz-Zyklen) zu finden ist. – 8 *Nimmersatt:* Vogel aus der Familie der Störche, hier allegorisch auf den Tod bezogen.

5. Die schwarze Bhowanéh

Drucke: D[1] *Das Magazin für Litteratur* (Berlin), 69. Jg., Nr. 36 (8. September 1900), S. 906; D[2] *Styx* (1902 [Ende 1901]), S. 13 f.

Kommentar: [Titel] *Bhowanéh … Die Göttin der Nacht:* Gemeint ist vermutlich die – in unterschiedlichen lautlichen Varianten auftretende – ind. Gottheit Bhâvânî/Bhawani, »einer der ehrendsten Bezeichnungsnamen der Gattin des Schiwa, ›die Alles Gebärende, die Dasein Gebende.‹ Sie ist identisch mit der mächtigen Göttin Maja, der Alles erweckenden Liebe, die von der absoluten Gottheit getrennte weibliche Urkraft, die erste Mutter, und die zuerst aus der Gottheit selbst Gewordene« (Wilhelm Vollmer, *Wörterbuch der Mythologie*, Stuttgart 1874, S. 103). – ELS könnte durch Peter Hille zu dieser Figur bzw. diesem Text inspiriert worden sein. In ihrem Essay *St. Peter Hille* heißt es über den Freund: »Er sprach beinahe alle Sprachen oder alle. Im Sanscrit hat er Juwelen gefunden. Mit Zigeunern unterhielt er sich in ihrer schwarzen Göttin Bowanehsprache« (*Konzert*, 1932, S. 182; *Gesammelte Werke*, Bd. 2, S. 688). – Eine »Göttin der Gitani« [Zigeuner] namens Bhowannie begegnet auch in Karl Mays Roman *Scepter und Hammer* (1879/80); vgl. dazu Anna-Lena Sälzer, »Königstreue Weltverschwörer. ›Zigeuner‹ in Karl Mays *Scepter und Hammer*«, in: *Poetische Ordnungen. Zur Erzählprosa des deutschen Realismus*, hrsg. von Ulrich Kittstein und Stefanie Kugler, Würzburg 2007, S. 187–200. – [Untertitel] *Zigeunerlied:* Möglicherweise wird hier auf Goethes *Zigeunerlied* (1771) oder auf den

Zyklus der *Zigeunerlieder* (1888/91) von Johannes Brahms angespielt. Der gattungstypologische Untertitel verstärkt hier den exotisch-synkretistischen bzw. multikulturellen Charakter des Gedichts. Die Bezeichnung ›Zigeuner‹ wendet ELS gelegentlich auf Bohemiens in ihrem Freundeskreis an. – 3 *Granada:* Hauptstadt der gleichnamigen Provinz in Andalusien, berühmt wegen seiner zahlreichen Bauwerke aus maurischer Zeit (7.–15. Jh.), in der unterschiedliche Kulturen und Religionen weitgehend friedlich koexistierten. – 8 *Granatäpfel:* Die leuchtend roten, samenreichen Früchte, die zu den ältesten Kulturpflanzen des Mittelmeerraums und Asiens gehören, symbolisieren vor allem Fruchtbarkeit, aber auch Lebendigkeit, Liebe und Schönheit. Im alttestamentlichen Hohenlied Salomonis begegnen sie mehrfach auf metaphorischer Ebene, um die Schönheit der Braut zu betonen, vgl. z. B.: »Du bist gewachsen wie ein Lustgarten von Granatäpfeln mit edlen Früchten [...]« (4,13).

6. Chaos

Drucke: D[1] *Die Kommenden. Erste Veröffentlichung aus den Darbietungen der »Kommenden« an den Donnerstag-Abenden im Nollendorf-Casino,* Berlin: Im Selbstverlag der »Kommenden«, 1901, S. 48; D[2] *Styx* (1902 [Ende 1901]), S. 38.

Kommentar: [Titel] *Chaos:* Nach antiken und biblischen Schöpfungsmythen entstand die Welt aus dem Zustand kosmischer Unordnung; vgl. den Beginn der Genesis (1 Mose 1 f.).

7. Nervus erotis

Drucke: D[1] *Die Kommenden. Erste Veröffentlichung aus den Darbietungen der »Kommenden« an den Donnerstag-Abenden im Nollendorf-Casino,* Berlin: Im Selbstverlag der »Kommenden«, 1901, S. 50; D[2] *Styx* (1902 [Ende 1901]), S. 18.

Kommentar: [Titel] *Nervus erotis:* frei erfundene lat. Bezeichnung eines ›erotischen Nervs‹ bzw. eines Liebesorgans; vgl. Kilcher (2010), S. 19. – 3 *Tuberosen:* intensiv duftende Nachthyazinthen.

8. Das Lied des Gesalbten

Drucke: D[1] *Ost und West* (Berlin) 1. Jg., H. 6 (Juni 1901), S. 457 f.; D[2] *Styx* (1902 [Ende 1901]), S. 35.

Kommentar: [Titel] *Gesalbten:* ›Der Gesalbte‹ ist die wörtliche Übersetzung von hebr. Messias – ein Hoheitstitel, der vor allem auf Könige, später auch auf Hohepriester und Propheten sowie Jesus Christus bezogen wurde. Vgl. Erl. zu *Heimweh* (Nr. 40, V. 19). – 1 *Zebaoth:* Im AT wird Gott bzw. Jahwe auch als Adonai Zebaoth, ›Herr der Heerscharen‹, bezeichnet; Zebaoth ist dort mit fast 300 Belegen die häufigste Gottesbezeichnung. Vgl. das gleichnamige Gedicht *Zebaoth* (Nr. 31). – 12 *hängender Garten:* Die sog. Hängenden Gärten der Semiramis in Babylon gehörten zu den sieben Weltwundern der Antike, die der griech. Schriftsteller Antipatros von Sidon im 2. Jh. v. Chr. in einem Epigramm aufführte.

9. Sulamith

Drucke: D[1] *Ost und West* (Berlin) 1. Jg., H. 6 (Juni 1901), S. 457 f.; D[2] *Styx* (1902 [Ende 1901]), S. 36.

Kommentar: [Titel] *Sulamith:* Den hebr. Frauennamen (die ›Friedfertige‹) trägt im Hohenlied Salomonis die als besonders schön gerühmte Braut (vgl. 7,1 ff.). Diese »ist die Liebende und Geliebte, die erotisches Begehren und hymnische Dichtung in einer messianischen Erlösungsvision miteinander verbindet« (Liska, 2000, S. 42). Das Gedicht wurde später in die *Hebräischen Balladen* (1912/13) aufgenommen, und es bildet den Abschluss des Buches *Das Hebräerland* (1937; KA 5, S. 156 f.). – 3 *Gabriel:* hebr. Männername (›Held Gottes‹), einer der biblischen Erzengel, die in der Hierarchie der Gottesboten weit oben stehen. Während Gabriel im Buch Daniel als Deuter von Visionen begegnet (8,15 ff.), verkörpert er im Talmud den Beschützer der Gerechten und Verteidiger Israels. Im NT tritt er als Engel der Verkündigung auf, der Maria die frohe Botschaft überbringt (Lk 1,19 ff.). Vgl. die autobiographischen Essays *Renate und der Erzengel Gabriel* (21. Oktober 1924; KA 4.1, S. 39–42) und *Kindheit im Wuppertal* (21. Juni 1925); darin heißt es: »In meinem Heimathause wohnen nun viele Parteien, doch wenn sich das Abendrot [...] in seine Fenster spiegelt, ist es mir, der Engel Gabriel bewache es ganz allein« (KA 4.1, S. 98). – 6 *Cederntraum:* Der wohlriechende, hochwachsende Nadelbaum versinnbildlicht im AT Größe, Stärke und Schönheit; das Holz der Libanonzeder wird u. a. von David und Salomo für den Bau ihrer Tempel und Paläste verwendet (vgl. z. B. 2 Sam 7,2 und 1 Kön 5,15–32). Für Radde (2000) ist die Zeder eine »Chiffre für Lasker-Schülers heilsgeschichtliche Vorstellung der heiligen Stadt« Jerusalem (S. 43).

10. Chronica

Druck: D[1] *Styx* (1902 [Ende 1901]), S. 7 f.

Emendation: 18 *Weltenschoß*] *Weltenschooss*

Kommentar: [Titel] *Chronica:* Der Titel spielt auf die alttestamentlichen Chronikbücher an, die die Geschichte des Reiches Juda von der Regentschaft Davids und Salomos bis zum sog. Babylonischen Exil darstellen, er lässt sich aber auch wegen der expliziten biographischen Bezüge als poetische Form einer jüdischen Familienchronik deuten. – Eine überarbeitete, gekürzte Version nahm ELS in die *Gesammelten Gedichte* (1917) auf. – [Widmung] *(Meinen Schwestern zu eigen):* Martha Theresia Schüler, verh. Wormser (1862–1917), und Annemarie (Anna) Schüler, verh. Lindwurm-Lindner (1863–1912). – 1 *Mutter ... Himmel:* ELSs Mutter Jeanette war 1890 verstorben, ihr Vater Aron Schüler 1897; vgl. Erl. zu *Vorahnung* (Nr. 1). – 16 *Sphinxgestalten:* Figur der ägypt. Mythologie, die in Plastiken meist mit Löwenkörper und Menschenkopf erscheint; im griech. Kulturraum werden Sphingen dagegen als geflügelte weibliche Mischwesen dargestellt. In der Zs. *Sphinx. Monatsschrift für Seelen- und Geistesleben. Organ der Theosophischen Vereinigung* hatte ELSs Freund Peter Hille 1893/94 einige seiner Texte publiziert. Vgl. *Weltschmerz* (Nr. 15, V. 5). – 17 *Pharaozeiten:* Als Pharao werden verschiedene ägyptische (Gott-)Könige tituliert; vgl. Erl. zu *Pharao und Joseph* (Nr. 42). – 21 f. *drei Könige … Sterne nach:* Gemeint sind die »Weisen des Morgenlandes«, die nach biblischer Überlieferung dem Stern von Bethlehem folgten und Jesus ihre Geschenke darbrachten. – 22 *brennenden Wüstenwind:* vermutlich biblisch konnotierte Anspielung auf den Exodus, den Auszug des Volkes Israel aus Ägypten, und das göttliche Zeichen der Feuersäule in der Wüste (2 Mose 13,21 f.); vgl. *Weltschmerz* (Nr. 15, V. 1). – 23 *acht Schicksale … unserem Blut:* in biographischer Lesart auf ELSs Eltern und deren sechs Kinder zu beziehen. – 34 *Satanas miserere eorum:* (lat.) »Satan, erbarme dich ihrer«. Nach biblischer Überlieferung hat *Satanas* (= griech.-aram. Variante des hebr. Wortes Satan ›Gegner‹) die Rolle des Hauptanklägers im göttlichen Gerichtshof und stellt die religiöse Integrität von Menschen auf die Probe; vgl. z. B. das Buch Hiob.

11. Mutter

Druck: D[1] *Styx* (1902 [Ende 1901]), S. 9.

Kommentar: [Titel] *Mutter:* ELS verfasste zahlreiche Gedichte mit autobiographischen Bezügen zu ihrer Mutter Jeanette Schüler; vgl. u. a. *Vorahnung* (Nr. 1), *Mein stilles Lied* (Nr. 29) und *Meine Mutter* (Nr. 46). Zur Beziehung zwischen dem »Motiv des Mutterverlustes« und der kollektiven »Leiderfahrung in der Galut« bzw. Diaspora vgl. Körner (2017), S. 160 f. – 1 *weißer Stern:* Die Erstausgabe der *Gesammelten Gedichte* (1917) widmete ELS »Meiner teuren Mutter, dem heiligsten Stern über meinem Leben«. Vgl. Erl. zu *Chronica* (Nr. 10, V. 22): dort Anspielung auf den Stern von Bethlehem. – 3 *Sterbegeläut … Julinacht:* ELSs Mutter verstarb am 27. Juli 1890.

12. Weltflucht

Druck: D[1] *Styx* (1902 [Ende 1901]), S. 10. – In ELSs Streitschrift *Ich räume auf! Meine Anklage gegen meine Verleger* (1925) findet sich eine Version des Gedichts in einem »mystischen Asiatisch«, das sie auch als ihre »Ursprache« bezeichnet, »noch aus der Zeit Sauls, des Königlichen Wildjuden herstammend«: »Elbanaff: // Min salihihi wali kinahu / Rahi hatiman / fi is bahi lahu fassun – / Min hagas assama anadir, / Wakan liachad abtal, / Latina almu lijádina binassre. / Wa min tab ihi / Anahu jatelahu / Wanu bilahum. / Assama ja saruh / fi es supi bila uni / El fidda alba hire / Wa wisuri – elbanaff!« (KA 4.1, S. 59.)

Kommentar: 1 *Ich … Grenzenlose:* vielleicht Anspielung auf Goethes Gedicht *Eins und Alles* (1821), das mit dem Vers beginnt: »Im Grenzenlosen sich zu finden […]«. – 3 *Herbstzeitlose:* Laut Birgit Lermen (2009) hat »[d]as Extrakt der Herbstzeitlosen, das giftige Colchicin, […] sowohl schädigende als auch heilende Wirkung« (S. 11). – 8 *Fäden:* möglicherweise Anspielung auf den Ariadne-Mythos (vgl. Hallensleben, 2000, S. 73) oder auch auf Clemens Brentanos poetologisches Gedicht *Der Spinnerin Nachtlied* (1802); die zweite Strophe lautet: »Ich sing' und kann nicht weinen, / Und spinne so allein / Den Faden klar und rein / So lang der Mond wird scheinen.«

13. Orgie

Druck: D[1] *Styx* (1902 [Ende 1901]), S. 25 f.

Kommentar: [Titel] *Orgie:* In der griech. Antike bezog sich der Begriff ὄργια/*órgia* ursprünglich auf kultische Riten zu Ehren des Dionysos, des Gottes des Weins, des Rausches und der Ekstase. – 2 *Oleander:* Der Rosenlorbeer war im Altertum Apoll(on) geweiht. – 3 *Apoll:* Gott des Lichts, der Heilung, Weissagung und der Kunst, insbesondere der Musik, des Gesangs und der Dichtung. Als Verkörperung des Maßes bzw. der Mäßigung und sittlichen Ordnung ist er Gegenspieler seines Halbbruders Dionysos. Die Opposition dionysisch-apollinisch (*Orgie* [Titel] versus »Tempel Apoll«, V. 3) verrät den Einfluss Friedrich Nietzsches, vor allem seiner Schrift *Die Geburt der Tragödie aus dem Geiste der Musik* (1872; vgl. Kilcher, 2010, S. 23 f.). In seine Philosophie war ELS durch Rudolf Steiner eingeführt worden (vgl. Bauschinger, 2004, S. 117). Vgl. das auf Ernst Simon bezogene Gedicht *An Apollon* (Nr. 97).

14. Dein Sturmlied

Druck: D[1] *Styx* (1902 [Ende 1901]), S. 34.

Kommentar: 10–12 *ehernen Zeusaugen … Wolken:* Zeus nimmt in der Hierarchie der griech. Götter die führende Position ein und wurde in der Antike u. a. als Wettergott verehrt. Im Kampf gegen die Titanen erhielt er von den Kyklopen Blitz, Zündkeil und Donner als Waffen, die in bildkünstlerischen und literarischen Darstellungen häufig als Attribute auftauchen. Vgl. die Anfangsverse von Goethes *Prometheus*-Hymne: »Bedecke deinen Himmel, Zeus, / Mit Wolkendunst […]«.

15. Weltschmerz

Druck: D[1] *Styx* (1902 [Ende 1901]), S. 42.

Kommentar: 1 *der brennende Wüstenwind:* vgl. Erl. zu *Chronica* (Nr. 10, V. 22). – 5 *steinernes Sphinxhaupt:* vgl. Erl. zu *Chronica* (Nr. 10, V. 16).

16. Sterne des Fatums

Druck: D[1] *Styx* (1902 [Ende 1901]), S. 45.

Kommentar: [Titel] *Fatums:* Lat. *fatum* meint ursprünglich den durch das Orakel bzw. den Seher verkündeten (Schicksals-)Spruch, später das von der Gottheit vorhergesagte unausweichliche Schicksal selbst.

17. Sterne des Tartaros

Druck: D[1] *Styx* (1902 [Ende 1901]), S. 46.

Kommentar: *Tartaros:* In der griech. Mythologie Personifikation des noch unterhalb des Hades liegenden Bezirks der Unterwelt; an diesem Strafort drohten den Verurteilten ewige Qualen. – 4 *Geyerschwingen:* vgl. dazu Horch (2000): »In der Tora gilt der Geier als großer, Aas fressender Raubvogel; anders als der Adler zählt er zu den ›unreinen‹ Tieren« (S. 3). Eine positive Neudeutung des Geiers »als Emblem der Poesie« (ebd.) findet sich hingegen in dem späten Gedicht *Mein Liebeslied* (Nr. 92, V. 10: »Es rauscht der Flügel des Geiers«).

18. Fortissimo

Druck: D[1] *Styx* (1902 [Ende 1901]), S. 48.

Kommentar: [Titel] *Fortissimo:* aus dem Italienischen abgeleitete Bezeichnung für eine sehr laute, kräftige Tonstärke bzw. Vortragsweise in der Musik. – 7 *Mondvater:* Die Vorstellung einer männlichen Mondgottheit, die hier ins Naiv-Humoristische gewendet wird, findet sich u. a. in der germanischen, arabischen und indischen Mythologie; im Unterschied dazu sind in der griech.-röm. Mythologie Mondgottheiten weiblich konnotiert, während die Sonne stets männlich imaginiert wird. Vgl. *Mein blaues Klavier* (Nr. 89, V. 6). – 11 *Farben des Teppichs:* Die auf orientalisches Kunsthandwerk Bezug nehmende Bildlichkeit verweist auf einen ästhetischen Schlüsselbegriff in der Kunst und Literatur der Jahrhundertwende; vgl. z. B. Hugo von Hofmannsthals Gedicht *Gülnare* (1890) und das *Märchen der 672. Nacht* (1895) sowie Stefan Georges Gedichtzyklus *Der Teppich des Lebens* (1900). Der Teppich bildet nicht nur ein häufig wiederkehrendes Motiv in der Kultur- und Literaturgeschichte (vgl. Hallensleben, 2000, S. 134 f.), sondern er stellt darüber hinaus – im Kontext des Ästhetizismus – ein Strukturprinzip (im Sinne der textuellen Verknüpfung und der ornamentalen sprachlichen Dekoration) und auch ein Wahrnehmungsmuster dar. Vgl. *Ein alter*

Tibetteppich (Nr. 47). – 14 *Smyrnateppich:* benannt nach der am Golf von Izmir (Türkei) gelegenen, vormals griech. Stadt Smyrna, die für ihre handgeknüpften (später auch mechanisch gewebten und entsprechend preiswerten) Velourssteppiche mit orientalischer Musterung berühmt wurde.

19. Mein Kind

Druck: D[1] *Styx* (1902 [Ende 1901]), S. 51.

Kommentar: [Titel] *Mein Kind:* in biographischer Deutung auf den Sohn Paul (1899–1927) zu beziehen, der am 24. August 1899 geboren wurde; vgl. *Vorahnung* (Nr. 1, V. 2).

20. Meinlingchen

Druck: D[1] *Styx* (1902 [Ende 1901]), S. 56.

Kommentar: [Widmung] *Meinem Jungen:* Die Widmung bezieht sich auf ELSs Sohn Paul; vgl. Erl. zu *Vorahnung* (Nr. 1). – 8 *Quellen Edens:* Der Garten Eden, auch als Paradies bezeichnet, wird in der Genesis ausführlich beschrieben; er wird durchflossen von einem Strom, der sich in vier Hauptarme teilt (1 Mose 2,10–14). Vgl. den Essay *Paradiese* (27. Mai 1928; KA 4.1, S. 158–161).

21. Müde

Druck: D[1] *Styx* (1902 [Ende 1901]), S. 63.

Kommentar: 7 *einen Strom:* wohl Anspielung auf den Totenfluss Styx, der in der griech. Mythologie das Reich des Lebens vom Hades, dem Reich der Toten, trennt. Diese Deutung legt der Publikationsort, d. h. der Titel von ELSs erstem Gedichtband, nahe.

22. Melodie

Druck: D[1] *Styx* (1902 [Ende 1901]), S. 70.

23. Weltende

Drucke: D[1] *Moderne deutsche Lyrik*, mit einer literaturgeschichtlichen Einl. und biograph. Notizen hrsg. von Hans Benzmann, Leipzig: Reclam [1903], S. 331; D[2] *Der siebente Tag* (1905), S. 42.

Kommentar: [Titel] *Weltende:* Apokalyptische Szenarien, Bilder und Motive finden sich in verschiedensten Ausprägungen in der expressionistischen Kunst und Literatur (vgl. das gleichnamige Gedicht von Jakob van Hoddis, 1910) – gewiss ein Grund dafür, weshalb dieses Gedicht in diverse Lyrik-Anthologien aufgenommen und als (prä)expressionistischer Text rezipiert wurde und wird. Aufgrund der breiten Streuung des Gedichts in renommierten literarischen Zeitschriften wie *Das literarische Echo* (1906) und *Die Fackel* (1910) wurde es zu einem der bekanntesten Gedichte ELSs. – Im Zyklus *Der siebente Tag* (1905) widmete die Autorin das an den Schluss gesetzte Gedicht dem Musiker Herwarth Walden, der eigentlich Georg Levin (1878–1941) hieß und ihr seinen Künstlernamen verdankte. Als Gründer des *Vereins für Kunst* (1903), vor allem aber als Herausgeber der Zs. *Der Sturm* (1910–1932) und Betreiber der Berliner *Sturm*-Galerie wurde er zu einem der wichtigsten Multiplikatoren avantgardistischer Kunst und Literatur. Walden und ELS hatten sich um 1900 kennengelernt und im November 1903 geheiratet, nachdem sie im April von Berthold Lasker geschieden worden war. Die Ehe mit dem fast zehn Jahre jüngeren Walden gestaltete sich trotz gleicher künstlerischer Interessen schwierig und wurde 1912 geschieden. – In ELSs letztem Drama *IchundIch* wird das Gedicht als komplettes Zitat Faust in den Mund gelegt; vgl. Bellenberg (2019), S. 57.

24. Die Liebe (*Es rauscht durch unseren Schlaf…*)

Druck: D[1] *Der siebente Tag* ([Anfang] 1905), S. 11.

25. Traum

Druck: D[1] *Der siebente Tag* ([Anfang] 1905), S. 12.

26. Eva

Druck: D[1] *Der siebente Tag* ([Anfang] 1905), S. 15.

Kommentar: 4 *Bäume Edens:* Gemeint sind der »Baum des Lebens« und der »Baum der Erkenntnis von Gut und Böse«; beide befanden sich der Schöpfungsgeschichte zufolge in der Mitte des Gartens Eden (1 Mose 2,9).

27. Ruth

Druck: D[1] *Der siebente Tag* ([Anfang] 1905), S. 20.

Kommentar: Das alttestamentliche Buch Rut(h) erzählt von der verwitweten Moabiterin Ruth, die mit ihrer aus Bethlehem stammenden Schwiegermutter Noomi nach Israel geht, um als Ährenleserin bei dem reichen Bauern Boas zu arbeiten. Sie sucht seine Nähe und umwirbt ihn, bis er sie heiratet; aus der Ehe geht ein Sohn namens Obed hervor, der Vater Isais und Großvater Davids. »In der rabbinischen Tradition wird Rut zu einer ›Heldin Israels‹, da sie durch ihre Verführung das Erbe ihres verstorbenen Mannes für die Familie rettet – im übertragenen Sinne wird auf dem heiligen Heimatboden Israel ein Weiterleben des Volks Israel als Volk Gottes gesichert« (Bluhm, 2010, S. 45). Das Motiv des Fremdseins spielt auch in *Boas* eine wichtige Rolle (Nr. 52, V. 9: »Der fremden Schnitterin«). Beide Gedichte wurden später in die *He-*

bräischen Balladen (1912 u. ö.) aufgenommen. – 7 f. *Am Brunnen … Engel:* Die aus dem Moabiterland stammende Ruth ist in Israel eine Fremde.

28. Als ich noch im Flügelkleide …

Druck: D[1] *Der siebente Tag* ([Anfang] 1905), S. 21.

Kommentar: 1 *Veilchenhimmel:* Das intensiv duftende, tiefblaue Veilchen ist traditionell Symbol der Bescheidenheit und Demut, wegen der Blütezeit im Frühling auch der Hoffnung und Fruchtbarkeit. Als Attribut begegnet es in der griech. Mythologie bei Aphrodite und Persephone, in christlichem Kontext auch bei Maria (vgl. Stefan Lochners *Madonna mit dem Veilchen*). – 10 *Irdentöpfen:* Gemeint sind irdene, d. h. gebrannte Töpfe (Keramik). – 12 *Tüksch*: (umgangsspr.) ›verärgert‹, ›beleidigt-böse‹; regionale Nebenform von ›tückisch‹, vor allem im norddt. Raum gebräuchlich.

29. Mein stilles Lied

Druck: D[1] *Der siebente Tag* ([Anfang] 1905), S. 27–29.

Kommentar: 3 *Meine Mutter:* Auf ihre Mutter Jeanette Schüler nimmt ELS in vielen Gedichten Bezug, u. a. in *Vorahnung* (Nr. 1), *Chronica* (Nr. 10) und *Meine Mutter* (Nr. 46). – 33 f. *Sein Leuchten küsst / Gottes Saum:* Anspielung auf die im 4. Buch Mose erwähnten Zipfel von Gewändern, die gläubige Juden an Gottes Gebote erinnern sollen (4 Mose 15,38 ff.). Im Orient ist die Geste des Saumküssens als Ausdruck der Ehrerbietung und Demut gegenüber einem Herrscher weit verbreitet. – 41 f. *Und die Nacht … Tag:* vielleicht in Anlehnung an den Psalm 19,3: »Ein Tag sagt's dem andern, / und eine Nacht tut's kund der andern.« – 43 *Hieroglyph:* Hieroglyphen: überwiegend aus Piktogrammen bestehendes Schriftsystem, das u. a. im alten Ägypten benutzt wurde.

30. Mein Volk

Druck: D[1] *Der siebente Tag* ([Anfang] 1905), S. 30.

Kommentar: [Titel] *Mein Volk:* Das Gedicht hat insofern programmatischen Charakter, als es ein zwar offensives, aber auch ambivalentes Bekenntnis zum Judentum ablegt. Die biblisch vorgeprägte Formulierung (vgl. z. B. Jer 7,23) ist wohl kaum im nationaljüdischen Sinne zu verstehen. Nicht zufällig bildet das Gedicht in den ersten drei Auflagen der *Hebräischen Balladen* das Eröffnungsgedicht. Außerdem fand es Eingang in zahlreiche Anthologien und (nicht nur jüdische) Zeitschriften. – Zum Kontext des Gedichts »zwischen Avantgarde und Kulturzionismus« vgl. Körner (2017) S. 139–153. – 1 *Der Fels wird morsch:* Die Metapher lässt sich auf den Berg Sinai, der nach biblischer Überlieferung der Ort der Offenbarung Gottes und der Verkündigung der Zehn Gebote ist, und damit auf das Volk Israel beziehen (vgl. Exodus: 2 Mose 19,1–6), im weiteren Sinne aber auch auf den Verlust einer kollektiven Identität im assimilierten deutschjüdischen Bürgertum. Die Position des Ichs jenseits der Heimat in der Diaspora bzw. im Exil wird in V. 6 verdeutlicht: »Fernab, allein [...]«. Die Bildlichkeit des Felsen begegnet auch in diversen Psalmen; vgl. Lermen (2010), S. 59, sowie Battegay (2014), S. 128–131. – 3 *Gotteslieder:* Das Kompositum kann als poetologisches Bekenntnis zu einer religiös inspirierten Dichtung verstanden werden, deren Funktion darin besteht, in der Tradition der Psalmen die jüdischen Mythen wachzuhalten und damit den »morsch« gewordenen Felsen gleichsam zu stabilisieren. – 6 *Klagegestein:* vermutlich eine Anspielung auf die Klagemauer in Jerusalem. Bei dieser Westmauer handelt es sich um ein Relikt des Plateaus, auf dem der Zweite Jerusalemer Tempel stand; dieser war anstelle des unter Salomo errichteten, von den Babyloniern zerstörten Ersten Tempels gebaut und 70 n. Chr. von den Römern zerstört worden. Die Mauer wird von den Juden als Symbol für den ewigen Bund Gottes mit seinem Volk gesehen und dient primär als Ort des Gebets. Vgl. ELSs Schilderung der Klagemauer im *Hebräerland* (1937; KA 5, S. 32 ff.). – 8–14 *Hab mich so abgeströmt ... Felsgebein:* Die Bildlichkeit lässt sich laut Körner (2017) »im zeitgenössischen Kontext zum einen als Referenz auf den allgemeinen zionistischen Topos verstehen, nach dem das assimilierte oder akkulturierte Judentum als im Verfall befindliche Tradition verachtet wird. Zum andern klingen die von Achad Haam und Martin Buber im kulturzionistischen Kontext artikulierten Positionen an, die das rabbinische Judentum ebenfalls als erstarrte, unlebendige, verfallene Tradition definieren, die es zu überwinden und wieder in ein lebendiges Judentum umzuwandeln gilt« (S.143). – 10 *Mostvergorenheit:* Der – in späteren Drucken in »Mostgegorenheit« abgewandelte und damit von einem »Verfallsprozess« zu einem »Veredelungsprozess« umgewertete (Körner, 2017, S. 140) – Neologismus verweist auf den in der biblischen Überlieferung häufig verwendeten Bildkomplex des Weins. So wird etwa die Metapher des Weinbergs im AT mehrfach auf das Volk Israel bezogen (vgl. Jes 5,7: »Des Herrn Zebaoth Weinberg aber ist das Haus Israel und die Männer Judas seine Pflanzung, an der sein Herz hing«). Im NT erzählt Jesus das Gleichnis von den Arbeitern im Weinberg (Mt 20,1–16). – 11 *Wiederhall:* Mit der orthographisch falschen Form wird »der Aspekt der Wiederholung [...] betont«, während die in späteren Drucken verwendete Variante »Widerhall« den »Aspekt der Opposition oder des Echos« hervorhebt (Körner, 2017, S. 149). – 13 *gen Ost:* Die Richtungsangabe ist auf die Diaspora- und Exilsituation und die daraus resultierende Sehnsucht nach dem Heiligen Land zu beziehen. – 16 *Zu Gott schreit:* Das Schreien ist hier nach biblischem Sprachgebrauch als inbrünstiges Flehen um göttlichen Beistand zu verstehen; vgl. z. B. Psalm 28,1 f.: »Wenn ich rufe zu dir, HERR, mein Hort, so schweige mir nicht [...]. Höre die Stimme meines Flehens, wenn ich zu dir schreie [...].«

31. Zebaoth

Druck: D[1] *Der siebente Tag* ([Anfang] 1905), S. 31.

Kommentar: [Titel] *Zebaoth:* Vgl. Erl. zu *Das Lied des Gesalbten* (Nr. 8). – 4 *Du Dichter:* Durch diese ungewöhnliche Anrede stellt das lyrische Ich eine »egalitäre Beziehung zu Gott« her, der im folgenden Vers »als seine Inspirationsquelle« ausgewiesen wird (Hammer, 2004,

S. 204). – 10 *Deines Tores Gold:* vielleicht in Anspielung auf das Goldene Tor in der Altstadt von Jerusalem, das direkt auf den Tempelberg führt.

32. Mein Sterbelied (*Die Nacht ist weich von Rosensanftmut …*)

Druck: D[1] *Der siebente Tag* ([Anfang] 1905), S. 32.

33. Mein Wanderlied

Druck: D[1] *Der siebente Tag* ([Anfang] 1905), S. 36.

Kommentar: [Titel] *Mein Wanderlied:* Der Titel lässt sich als subjektivierte Neudeutung einer volkstümlichen Gattung lesen, die vor allem in der Romantik Konjunktur hatte (vgl. Justinus Kerners *Wanderlied*, 1812, Joseph von Eichendorffs Zyklus *Der wandernde Musikant*, 1837, oder – als bekanntestes Beispiel – Wilhelm Müllers Lied *Wanderschaft* [»Das Wandern ist des Müllers Lust …«] aus dem von Franz Schubert vertonten Zyklus *Die schöne Müllerin*, 1821). Der Prototyp des Wanderers romantischer Prägung ist derjenige, dessen Fortbewegung weniger auf ein konkretes Ziel denn auf die Selbstfindung ausgerichtet ist. – 1 *Zwölf Morgenhellen:* Die Zahl Zwölf stellt im biblischen Kontext eine heilige Zahl dar. So heißt es in der Offenbarung des Johannes von der himmlischen Stadt Jerusalem: »Und sie hatte eine große und hohe Mauer und hatte zwölf Tore und auf den Toren zwölf Engel und Namen darauf geschrieben, nämlich der zwölf Geschlechter der Kinder Israel […]« (Offb 21,12).

34. Der Letzte

Druck: D[1] *Der siebente Tag* ([Anfang] 1905), S. 37.

Kommentar: 10 *Derwisch … Wandeltanz:* Das aus dem Persischen stammende Wort bezeichnet ursprünglich den Bettler, wird aber meist auf asketisch lebende muslimische Mönche bezogen, die den Sufismus pflegen, eine mystische Variante des Islam. Zu ihren rituellen Praktiken gehört der bis zur Trance gesteigerte Tanz, der mittels religiöser Ekstase zum Kontakt mit Allah führen soll. Das Derwisch-Motiv findet sich mehrfach in dem Prosaband *Die Nächte Tino von Bagdads* (1907); vgl. das Kap. *Der Derwisch* in *Der Prinz von Theben* (1914; KA 3.1, S. 383–386).

35. Heim

Druck: D[1] *Der siebente Tag* ([Anfang] 1905), S. 40.

Kommentar: Körner (2017) zufolge vermittelt das Gedicht »[d]eutliche Kritik an einem nationalstaatlichen Konzept von Heimat«, da die zionistisch konnotierten »Farben Blau und Silber und das auf die weiße Farbe verweisende Motiv der ›Wolkenschichten‹ [V. 8] verwendet werden, um das ›Heim‹ gerade nicht als einen jüdischen Staat in ›Eretz Israel‹ zu entwerfen« (S. 138). – 10 *Teppichen:* Zum Teppich-Motiv vgl. Erl. zu *Fortissimo* (Nr. 18) und *Ein alter Tibetteppich* (Nr. 47).

36. Heimlich zur Nacht

Druck: D[1] *Die Nächte Tino von Bagdads* (1907), S. 44.

37. Das Lied meines Lebens

Druck: D[1] *Die Nächte Tino von Bagdads* (1907), S. 82.

Kommentar: Das Gedicht findet sich im Erstdruck am Schluss des Bandes (im Kap. »Die sechs Feierkleider«) und bildet eine Art lyrischen Epilog.

38. An Gott

Drucke: D[1] *Das Magazin. Monatsschrift für Literatur, Musik, Kunst und Kultur* (Leipzig) 77. Jg., H. 5 (Februar 1908), S. 77; D[2] *Meine Wunder* ([Anfang April] 1911), S. 64.

Kommentar: Für den Abdruck in der Zs. *Die Fackel* vom 26. Januar 1911 wählte ELS als Titelvariante *Sterndeuterei*. – 12 *Brunnen – rauschen:* Motiv der romantischen Dichtung; vgl. z. B. das Gedicht von Clemens Brentano *Hörst du, wie die Brunnen rauschen …* (entstanden 1811, ED 1826).

39. Und suche Gott

Drucke: D[1] *Die Fackel* (Wien) 11. Jg., Nr. 288 (11. Oktober 1909), S. 13; D[2] *Meine Wunder* ([Anfang April] 1911), S. 54.

40. Heimweh

Drucke: D[1] *Die Fackel* (Wien) 11. Jg., Nr. 294/295 (4. Februar 1910), S. 27; D[2] *Meine Wunder* ([Anfang April] 1911), S. 57.

Kommentar: Einige Motive des Gedichts finden sich bereits in Briefen an Jethro Bithell und Karl Kraus vom August 1909; vgl. Dick (2010), S. 66–69. – 6 *Stiefkönigin:* Das Kompositum lässt an Grimm'sche Märchenfiguren denken, etwa Schneewittchens böse Stiefmutter. – 7 *Pharaonenwälder:* Der Neologismus, der in den *Nächten Tino von Bagdads* in ähnlicher Form begegnet (»Wald von Pharaonenbäumen«, KA 3.1, S. 70), verschiebt »den Imaginationsraum ins Morgenländische« (Dick, ebd., S. 71). – 11 *bin ein buntes Bilderbuch:* Variation der traditionellen Metaphorik vom Buch der Natur, der Schöpfung und des Lebens. – 16 *Korallen ausgestochen:* Die gleiche Metapher begegnet auch in einem Brief an Paul Leppin vom 21. Mai 1933 (KA 9, S. 14); vgl. Hummel (2010), S. 66 und 71. – 19 *salbt meine toten Paläste:* Anspielung auf die rituelle

Salbung, wie sie zunächst vor allem im Orient in kultisch-religiösen Zusammenhängen nach dem Vorbild der biblischen Könige vorgenommen wurde, dann aber auch bei der Übertragung und Legitimation politischer Macht Anwendung fand, z. B. bei Krönungsritualen im Mittelalter. Vgl. Erl. zu *Das Lied des Gesalbten* (Nr. 8).

41. Mein Liebeslied (*Auf deinen Wangen liegen ...*)

Drucke: D[1] *Der Sturm* (Berlin) 1. Jg., Nr. 4 (24. März 1910), S. 27; D[2] *Meine Wunder* ([Anfang April] 1911), S. 55 f.

Kommentar: 9–14: *Niemand ... dann:* Laut Benthien (2005) ist dieses »Selbstlob [...] zugleich Dichtungsmetapher, die *Mein Liebeslied* zu einem poetologischen Gedicht werden lässt« (S. 241).

42. Pharao und Joseph

Drucke: D[1] *Der Sturm* (Berlin) 1. Jg., Nr. 4 (24. März 1910), S. 27; D[2] *Meine Wunder* ([Anfang April] 1911), S. 12.

Kommentar: Das Gedicht bezieht sich auf die alttestamentliche Geschichte Josephs: Der Lieblingssohn des Stammvaters Jakob wird von seinen neidischen Brüdern in eine Grube geworfen (vgl. V. 11 f.) und später als Sklave verkauft. Joseph gerät in ägyptische Gefangenschaft, wird jedoch aufgrund seiner Fähigkeit, die Träume des Pharao zu deuten, von diesem zum Landesvater über ganz Ägypten erhoben (1 Mose 37–50). Auf der Josephslegende gründet sich ELSs Selbststilisierung zum Prinzen Jussuf von Theben, die sich ab etwa 1909 vollzieht und in zahlreichen Zeichnungen und Briefen als eine Art Alter Ego fungiert. Die synkretistische Ich-Figuration (vgl. dazu das Buch von Meike Feßmann, 1992), die Tino von Bagdad weitgehend verdrängt, begegnet u. a. im Briefroman *Mein Herz* (1912) und rückt ins Zentrum des »Geschichtenbuchs« *Der Prinz von Theben* (1914). Vgl. auch das Gedicht *Joseph* (Nr. 70) sowie *Das Hebräerland* (1937), in dem es heißt: »Joseph und seine Brüder war meine Lieblingsgeschichte und ich durfte sie immer erzählen in der Religionsstunde. Ich sei ja der Joseph von Aegypten selbst, rief eines Tages, ganz dumm, eine Mitschülerin« (KA 5, S. 72). – 2 *Amons:* Amun/Amoun/Amon verkörpert den altägypt. Wind- und Fruchtbarkeitsgott, der zur Lokalgottheit Thebens wurde. – 4 *Korngeruch:* Das Kompositum »erinnert von fern an den Traum des Pharaos von den sieben dürren und den sieben vollen Ähren, mit dessen Deutung Josephs Karriere am Hof einsetzt«; ferner evoziert es »den Eindruck von Einfachheit und Natürlichkeit, mithin den denkbar weitesten Abstand zu Pharao, der ›von Gold‹ ist (V. 5)« (Marx, 2010, S. 77 f.). – 9 *Zehn Wölfe:* Die Tiermetapher bezeichnet die bösartigen Brüder Josephs, die ihn »in die Grube warfen« (V. 12) und vor dem Vater für tot erklärten; von den elf Geschwistern versuchte einzig der Bruder Ruben, Joseph zu retten.

43. Die Liebe (*Verstecke mich in deinem Süßblut …*)

Drucke: D^1 *Der Sturm* (Berlin) 1. Jg., Nr. 9 (28. April 1910), S. 69; D^2 *Meine Wunder* ([Anfang April] 1911), S. 9.

Kommentar: 7 *Brunnen … rauscht:* Vgl. Erl. zu *An Gott* (Nr. 38, V. 12).

44. Leise sagen –

Drucke: D^1 *Der Sturm* (Berlin) 1. Jg., Nr. 19 (7. Juli 1910), S. 150; D^2 *Meine Wunder* ([Anfang April] 1911), S. 14.

Kommentar: Das Gedicht war am 6. Juli 1910 als unautorisierter Vorabdruck in der *Rheinisch-Westfälischen Zeitung* mit folgender redaktionellen Nachbemerkung erschienen: » – Vollständige Gehirnerweichung, hören wir den Leser – leise sagen« (zit. nach KA 1,2, S. 165). Diese Verletzung des Urheberrechts hatte nicht nur ein juristisches Nachspiel, sondern animierte ELS auch zu einem satirischen Artikel im *Sturm* (Juli 1912) u. d. T. *Lasker-Schüler contra B. und Genossen*, der so beginnt:

»Seitdem einige Tageszeitungen um mein lyrisches Gedicht: *Leise sagen*, soviel Lärm geschlagen und mich für geisteskrank erklärt haben, hat sich eine Partei um mich erhoben, die es sich zum Lebenszweck angedeihen läßt, diese gefährliche Behauptung mit allen gerichtlichen Gegenbeweisen aus der Welt zu schaffen. Das Resultat ist: Ich werde beobachtet, nicht allein von einem Psychiater, auch von mir selbst [...]« (KA 3.1, S. 269). – 9 f. *Im Spiegel ... Bild nicht mehr:* kontrafaktische Anspielung auf den griech. Mythos von Narziss, der sich in sein eigenes Spiegelbild verliebte; vgl. Benthien (2005), S. 244. – 11 *Erzengel:* in der Hierarchie der Gottesboten weit oben stehender Engel; in der Bibel werden nur Michael und Gabriel (vgl. Erl. zu *Sulamith*, Nr. 9, V. 3) namentlich genannt; dazu gerechnet werden aber auch noch Raphael und (in manchen Quellen) Uriel. – 13 *Seim:* Honig(saft). – 18 *Gewebe:* seit der Antike gebräuchliche Dichtungsmetapher; vgl. Benthien (2005), S. 245, mit Verweis auf Erika Greber, *Textile Texte. Poetologische Metaphorik und Literaturtheorie* [...], Köln [u. a.] 2002.

45. Versöhnung

Drucke: D[1] *Der Sturm* (Berlin) 1. Jg., Nr. 23 (4. August 1910), S. 181; D[2] *Meine Wunder* ([Anfang April] 1911), S. 3.

Kommentar: Das Gedicht wurde im September 1912 ein zweites Mal im *Sturm* abgedruckt (Jg. 3, Nr. 125/126); auf dem Titelblatt des Doppelheftes war der Holzschnitt *Versöhnung* von Franz Marc (vgl. Erl. zu Nr. 61) abgebildet – mit dem Zusatz: »Originalholzschnitt für ein Gedicht von Else Lasker-Schüler«. Wie beeindruckt ELS von dieser Illustration war, offenbart sich in einer Doppelfrage, die sie dem Künstler in ihrem Brief vom 9. November 1912 stellte: »[...] warum haben Sie die Versöhnung gezeichnet – sind Sie auch so schmerzlich verloren wie ich, daß ich keinen Weg mehr habe nur Schluchten« (KA 6, S. 266). Der Titel ist insofern doppeldeutig, als er sowohl profane wie auch sakral-religiöse Konnotationen freisetzt. Er lässt sich im allgemeinen Sinne als (gelungene) Überwindung zwischenmenschlicher Differenzen verstehen (vgl. V. 5 und 13), kann aber auch auf den Versöhnungstag (Jom Kippur) bezogen werden. Bezeichnenderweise findet sich die – eindeutigere – Titelvariante *(Der) Versöhnungstag* in zwei späteren handschriftlichen Versionen, in einem Typoskript sowie in mehreren Druckfahnen, nicht jedoch in den zahlreichen Abdrucken des Gedichts. Jom Kippur wird zehn Tage nach Beginn des jüdischen Jahres gefeiert und folgt auf eine Buß- und Fastenperiode. Im Zentrum des Festaktes stehen die reuevolle Bitte an Gott um Vergebung der Sünden sowie die Aussöhnung mit den Mitmenschen. In ihrer autobiographischen Erzählung *Der Versöhnungstag* (1925; KA 4.1, S. 98–104) spricht ELS vom »heiligsten Tage im Jahr«, der für sie »das Wiegenfest der Judenheit« darstellt, und betont die friedens- und gemeinschaftsstiftende Bedeutung des Rituals (ebd., S. 98; vgl. *Der Malik*, KA 3.1, S. 446). – Das Gedicht wurde später auch in die *Hebräischen Balladen* (1912/13) aufgenommen. – 1 *großer Stern … fallen:* Zum einen als Anspielung auf das Märchen *Die Sterntaler* zu lesen, zum andern lässt sich der *große Stern* im jüdischen Kontext des Gedichts als Davidstern identifizieren, der das Volk Israel repräsentiert. In der zweiten Manuskriptfassung des Gedichts findet sich »für die Buchstabenfolge ›Stern‹ [ein] gezeichneter Davidstern« (KA 1.2, S. 167); zur weiteren Deutung vgl. Sander (2010). – 3 f. *Sprachen … wie Harfen:* Gemeint sind die hebräischen Schriftzeichen und im weiteren Sinne die biblische Psalmendichtung. So heißt es in dem auf den Versöhnungstag bezogenen Kap. *Petrus und ich im Tempel Jehovas* aus dem *Peter Hille-Buch* (1906): »Leise las Petrus die hebräischen Gesänge der Bibel: ›Wundervoll ist die Gestalt dieser alten Sprache, wie Harfen stehen die Schriftzeichen und etliche sind gebogen aus feinen Saiten‹« (KA, 3.1, S. 40).

46. Meine Mutter

Drucke: D[1] *Der Sturm* (Berlin) 1. Jg., Nr. 25 (18. August 1910), S. 197; D[2] *Meine Wunder* ([Anfang April] 1911), S. 60.

Kommentar: ELSs Mutter Jeanette Schüler (1838–1890) ist in zahlreichen Gedichten präsent, u. a. in *Vorahnung* (Nr. 1), *Chronica* (Nr. 10), *Mutter* (Nr. 11) und *Mein stilles Lied* (Nr. 29). – 1 f. *der große Engel … ne-*

ben mir ging: Die Verse evozieren die mythisch-religiöse Vorstellung vom Schutzengel, hier der Mutter an der Seite der Tochter.

47. Ein alter Tibetteppich

Drucke: D[1] *Der Sturm* (Berlin) 1. Jg., Nr. 41 (8. Dezember 1910), S. 328; D[2] *Meine Wunder* ([Anfang April] 1911), S. 15.

Kommentar: [Titel] *Tibetteppich:* Das im zentralasiatischen Hochland gelegene, buddhistisch bzw. lamaistisch geprägte Tibet geriet im Laufe seiner wechselvollen, bis heute von Fremdherrschaft bestimmten Geschichte politisch vor allem unter mongolischen, später chinesischen Einfluss. Ende des 19. Jh.s rückte das Land zunehmend ins Visier auch des zaristischen Russlands und der britischen Kolonialmacht. 1910 berichtete die Presse über die Flucht des 13. Dalai Lamas vor den Chinesen nach Indien, wo das geistliche und politische Oberhaupt Tibets bis 1913 im Exil lebte. Die von ihm nach der Absetzung des chinesischen Kaiserhauses 1911 proklamierte Unabhängigkeit wurde jedoch von China nicht anerkannt. – Für Tibetteppiche sind stilisierte Blumen- und Tiermotive von intensiver Farbigkeit typisch; sie stehen aber »in kunsthandwerklicher Hinsicht nicht in einer bestimmten regionalen Knüpftradition« (Hallensleben, 2000, S. 136). Im Gedicht werden Tibet und sein Kunsthandwerk allerdings zur exotischen Chiffre, wie sich besonders in der neologistischen Verwandlung zum orientalisch-märchenhaften Ort »Teppichtibet« (V. 2) zeigt. Zum Teppich-Motiv und seiner poetologischen Bedeutung in der Literatur der Jahrhundertwende vgl. Erl. zu *Fortissimo* (Nr. 18, V. 11: »Farben des Teppichs« und V. 14: »Smyrnateppich«). – 1 *Deine Seele … liebet:* Anspielung auf das Hohelied Salomonis: »Des Nachts auf meinem Lager suchte ich, den meine Seele liebet« (Hld 3,1–4); vgl. Benthien (2005), S. 251. – 7 *Lamasohn:* Zum Dalai Lama s. o. Als den Wiener »Dalai-Lama« bezeichnete ELS in einem Essay vom Mai 1910 Karl Kraus, der als ihr »prominenteste[r] Freund und Förderer« gelten kann (Bluhm, 2003, S. 86). Vgl. den Essay *Die Lamas* (18. April 1925), in dem ELS von ihrer Begegnung mit tibetanischen Mönchen (»Lamas«) berichtet und deren »fremde tiefe Zeremonien« und Gebete beschreibt, die sie »vor ihrem geweihten herrlichen Buddha-Teppich« verrichten (KA 4.1, S. 93; dazu Radde, 2000, S. 63 f.). – 9 *Wang die Wange:* Hallensleben (2000, S. 136) sieht in dieser Formulierung die Paraphrase eines Verses aus Heinrich Heines »Prolog« zum *Lyrischen Intermezzo* im *Buch der Lieder*: »Lehn deine Wang an meine Wang«.

48. Rast

Druck: D[1] *Meine Wunder* ([Anfang April] 1911), S. 61.

Kommentar: 1 *Mit ... wandern:* Zum Motiv des Wanderns vgl. Erl. zu *Mein Wanderlied* (Nr. 33). – 5 *Zedern:* Vgl. Erl. zu *Sulamith* (Nr. 9, V. 6: »Cederntraum«).

49. Dem Barbaren

Drucke: D[1] *Der Sturm* (Berlin) 2. Jg., Nr. 67 (8. Juli 1911), S. 534; D[2] *Die gesammelten Gedichte* (1917), S. 198.

Kommentar: [Titel] *Dem Barbaren:* Als Barbar (griech. βάρβαρος/*bárbaros* ›Stammler‹) wurde im griech. Altertum ein Mensch bezeichnet, der der griech. Sprache nicht oder kaum mächtig war bzw. stotterte; die Bezeichnung wurde dann auf alle Nicht-Griechen, d. h. auf fremde Völker bezogen. Die Römer bezeichneten mit *barbarus* Personen ohne griech.-röm. Bildung. – 4 *Cedern:* Vgl. Erl. zu *Sulamith* (Nr. 9, V. 6: »Cederntraum«). – 6 *Pharaos:* Vgl. Erl. zu *Chronica* (Nr. 10, V. 17). – 13 *Joseph:* Vgl. Erl. zu *Pharao und Joseph* (Nr. 42).

50. Abel

Drucke: D[1] *Der Sturm* (Berlin) 2. Jg., Nr. 72 (August 1911), S. 574; D[2] *Hebräische Balladen* (1913; erschienen Ende 1912), S. [12].

Kommentar: [Titel] *Abel:* Die Geschichte vom tödlich endenden Bruderzwist zwischen Kain und Abel, den beiden Söhnen Adams und Evas, wird in der Genesis erzählt (1 Mose 4,1–12).

51. Esther

Drucke: D[1] *Der Sturm* (Berlin) 2. Jg., Nr. 103 (März 1912), S. 821; D[2] *Die gesammelten Gedichte* (1917), S. 13.

Kommentar: Das alttestamentliche Buch Est(h)er erzählt von der heroischen Errettung des von Vernichtung bedrohten jüdischen Volkes durch Esther, die Lieblingsfrau des Königs Ahasveros (vgl. V. 6). An diese Ereignisse erinnert das Purim-Fest (vgl. V. 3: »Feiertage«). Der Name Esther bedeutet ›Abendstern‹ (vgl. Hahn, 2005, S. 282). Im Gedicht wird die besondere Verbindung Esthers mit der jüdischen Schriftkultur und Poesie behauptet (vgl. V. 4) und ihr eine identitätsstiftende Funktion als »Schwester« für die Generation der »jungen Juden« (V. 9, s. u. Erl.) zugewiesen. – 1 *schlank wie die Feldpalme:* Anspielung auf die Beschreibung der Geliebten im Hohenlied, deren Wuchs dem einer Palme gleicht (Hld 7,7). – 3 *Juda:* Gemeint ist das israelitische Königreich Juda bzw. Judäa (diesseits des Jordans). Der Name leitet sich von Juda, dem vierten Sohn Jakobs ab, aus dessen Geschlecht die Könige stammten. Juda gehörte zum Herrschaftsgebiet des röm. Klientelkönigs Herodes (73–4 v. Chr.); dieser stammte aus Idumäa (im südl. Judäa). – 5 *Götzen ... Hallen:* Der Vers ist auf den Palast des persischen Großwesirs Haman zu beziehen, der dem in Sklaverei lebenden jüdischen Volk mit Ausrottung drohte. – 8 *Die jungen Juden dichten:* Anspielung auf die Anhänger der maßgeblich von Martin Buber propagierten kulturzionistischen Bewegung einer europäischen ›Jüdischen Renaissance‹, die auf eine Zusammenführung der Diasporajuden und eine spirituelle Erneuerung der jüdischen Kultur und Religion insbesondere durch die ›jungjüdische‹ Dichtung abzielte. Vgl. Martin Buber, »Jüdische Renaissance«, in: *Ost und West* 1. Jg. (Januar 1901) Sp. 7–10; zum Kontext des Kulturzionismus vgl. Körner (2017), S. 85 ff. (Buber) und S. 225 ff. (Esther).

52. Boas

Drucke: D[1] *Der Sturm* (Berlin) 3. Jg., Nr. 110 (Mai 1912), S. 41; D[2] *Hebräische Balladen* (1913; erschienen Ende 1912), S. [14].

Kommentar: Im alttestamentlichen Buch Rut(h) ist Boas ein reicher Bauer bzw. Gutsbesitzer. Er wird von der aus Moabit stammenden, verwitweten »fremden Schnitterin« (V. 9) Ruth, die für ihn »– israelitischem Armenrecht folgend – auf den abgeernteten Feldern die übriggebliebenen Ähren aufliest«, umworben und heiratet diese, und zwar im Rahmen einer sog. Leviratsehe (Schwagerehe): »Nach jüdischem Recht bleibt so der Name ihres in der Fremde verstorbenen Ehemannes erhalten. Die biblische Bedeutung dieser Verbindung wird in der nachfolgenden Genealogie fassbar: Dem von Boas und Rut gezeugten Geschlecht entstammen König David und der Messias, also zentrale Figuren der jüdischen und der christlichen Glaubenstradition« (Bluhm, 2009, S. 20); vgl. Erl. zu *Ruth* (Nr. 27). – Die Beziehung zwischen Ruth und Boas wird auch in Gottfried Benns Gedicht *Drohungen* thematisiert (V. 26–29), das zu dem lyrischen Dialog der beiden Autoren gehört (vgl. Erl. zu *Giselheer dem Heiden* (Nr. 55); dazu Hahn, 2005, S. 288 ff.). – 2 *goldenen Kornblumen:* Das Motiv gehört »zur Schönheits- und Liebestopik der Autorin [...] und [kann] leicht als poetologische Metapher für Kunst entschlüsselt werden«, da Ruths Suche eben nicht den Ähren, sondern den »Kornblumen« gilt (Bluhm, 2009, S. 22 f.). – 4 *Sturm:* In biographischer Lesart »wird [es] wohl kein Zufall sein, dass im Begriff des ›Sturms‹ nicht nur die Vorstellung einer Gefühlsaufwallung [...] evoziert ist, sondern ganz augenfällig auch der Titel von Waldens avantgardistischer Zeitschrift« (Bluhm, 2009, S. 25).

53. Abraham und Isaak

Druck: D[1] *Hebräische Balladen* (1913; erschienen Ende 1912), S. [2].

Kommentar: Das Gedicht paraphrasiert eine der bekanntesten Erzählungen des AT (1 Mose 11–25): die Geschichte von Abraham, der auf Geheiß Gottes seinen einzigen Sohn Isaak opfern soll. Abraham, mit dem Gott einen Bund geschlossen hat, besteht die Prüfung seines Glaubens und Gehorsams, so dass Gott eingreift, als Isaak bereits auf dem »Altar [...] gebunden auf dem Rücken« (V. 12 f.) liegt; anstelle des Sohnes opfert Abraham einen Widder. – 2 *Stadt ... Blatt:* Laut Genesis wurde Abraham, der zunächst noch Nomade war, im Eichenhain Mamre bei Hebron in Kanaan sesshaft (1 Mose 13,18). Dort begegnet ihm Gott in Gestalt von drei Männern (1 Mose 18); vgl. V. 4: »Die Engel«.

54. Paul Zech

Drucke: D[1] *Gesichte* ([Mai] 1913), S. 112; D[2] *Die gesammelten Gedichte* (1917), S. 150.

Kommentar: Das Gedicht ist eine Hommage an den aus Westpreußen gebürtigen Schriftsteller, Übersetzer, Dramaturgen und Herausgeber Paul Zech (1881–1946), der ab etwa 1901 zunächst in Barmen, dann in Elberfeld lebte. Deshalb nannte ELS ihn verschiedentlich auch ihren »Wupperfreund« oder »Heimatfreund«; sein Wohnort motivierte sie zur Verwendung der niederdt. Mundart bzw. des Elberfelder Platt (hier in den ersten drei Versen). Da ELS Zechs Gedichte schätzte (vgl. KA 6, S. 117), eröffnete sie ihm über ihren Ehemann Herwarth Walden Publikationsmöglichkeiten für seine Lyrik im *Sturm*. Dort erschien im November 1913 das Gedicht *Zwei Wupperstädte* mit der Widmung »Else Lasker-Schüler zum Geschenk«. Zech rezensierte ELSs Gedichtband *Meine Wunder* und ihren Briefroman *Mein Herz*. Für das Paul Zech gewidmete August-Heft der Zs. *Saturn* (3, 1913, H. 8) schuf ELS eine Porträt-Zeichnung (Abb. bei Klüsener/Pfäfflin, 1995, S. 112). – 1 *Sing Groatvatter ... Märchens:* Die Verse beziehen sich vermutlich auf das Märchen *Der Bauer und der Teufel* aus der von Jacob und Wilhelm Grimm herausgegebenen Sammlung der *Kinder- und Haus-Märchen* (1812–15). Vgl. auch ELSs Zeichnung *Grimms Bäuerlein* in *Der Malik* (KA 3.1, S. 489). – 9 *Qualm:* Anspielung zum einen auf die Industrieregion im Tal der Wupper, zum andern auf Zechs Erfahrungen, die er als Bergarbeiter gesammelt hatte; diese gingen in den Gedichtband *Das schwarze Re-*

vier (1909 als Privatdruck; überarb. Ausg. 1913) sowie in den Novellenband *Der schwarze Baal* (1917) ein.

55. Giselheer dem Heiden

Drucke: D^1 *Das neue Pathos* (Berlin) H. 3/4 ([3.] August 1913), S. 36 f.; D^2 *Die gesammelten Gedichte* (1917), S. 171 f.

Emendation: 15 *Gaben*] *Gabeln* (vermutlich Druckfehler; korrigiert nach D^2).

Kommentar: Mit dem aus dem *Nibelungenlied* (s. u.) übernommenen Namen bezeichnete ELS den 17 Jahre jüngeren Arzt und Dichter Gottfried Benn (1886–1956), den sie im Herbst 1912 kennengelernt hatte. In der von Hans Ehrenbaum-Degele zusammen mit Robert Renato Schmidt, Ludwig Meidner und Paul Zech herausgegebenen expressionistischen Zeitschrift *Das neue Pathos* ließ sie unter dem Obertitel *Drei Gesänge an Giselheer* neben diesem Gedicht zwei weitere abdrucken (*Giselheer dem Knaben*, Nr. 56, und *Giselheer dem König*). Aus der Beziehung ging in den folgenden Jahren eine Reihe von Gedichten hervor, in denen ELS vor den Augen der Öffentlichkeit ein neues Rollenspiel inszenierte. Außerdem publizierte ELS einen – mit einer Profilzeichnung versehenen – Essay *Doktor Benn* in der Zs. *Die Aktion* vom 25. Juni 1913 (Abb. des Porträts bei Klüsener/Pfäfflin, 1995, S. 111); dort erschien auf der gegenüberliegenden Seite Benns Gedicht *Drohungen* aus dem *Alaska*-Zyklus. Er hatte im Jahr zuvor mit seinem ersten Lyrikband *Morgue und andere Gedichte* (Berlin [März] 1912) in Avantgarde-Kreisen Furore gemacht. Seinen zweiten Gedichtband *Söhne* (Berlin [Oktober] 1913) ließ er mit der Widmung drucken: »Ich grüße Else Lasker-Schüler: ziellose Hand aus Spiel und Blut.« Zwischen ELS und Benn entspann sich ein lyrischer Dialog, der sich in vielen motivischen Korrespondenzen ausdrückte. Als eine Art Vermächtnis dieser Beziehung findet sich in den *Gesammelten Gedichten* (1917 u. ö.) unter dem Obertitel *Gottfried Benn* der gesamte Zyklus der ihm gewidmeten Gedichte. – Im *Nibelungenlied* ist Giselher der jüngste Bruder König Gunthers und

Kriemhilds. Beim Besuch der Burgunder am Hofe König Etzels wird Giselher von Wolfhart, dem Neffen Hildebrands, getötet, nachdem er diesen mit einem Schwerthieb tödlich verletzt hatte. ELS stilisiert Benn zum »areligiösen Heiden« und weist ihm mit *Giselheer* »als Kontrastpart zum orientalischen Prinzen von Theben überwiegend eine archaisch-chthonische, eine nordische Rolle« zu (Meier, 2000, S. 169). Vgl. auch das Porträt Giselhers in *Der Malik* (1919; KA 3.1, S. 438, 479 [Graphik], 487 u. ö.).

56. Giselheer dem Knaben

Drucke: D[1] *Das neue Pathos* (Berlin) H. 3/4 ([3.] August 1913), S. 37; D[2] *Die gesammelten Gedichte* (1917), S. 173.

Kommentar: Vgl. Erl. zu *Giselheer dem Heiden* (Nr. 55).

57. Höre!

Drucke: D[1] *Die weißen Blätter* (Leipzig) 1. Jg., H. 8 (April 1914), S. 798; D[2] *Die gesammelten Gedichte* (1917), S. 182.

Kommentar: In den *Gesammelten Gedichten* findet sich als Untertitel die Widmung: *(Letztes Lied an Giselheer)*; vgl. Erl. zu *Giselheer dem Heiden* (Nr. 55). – 7 *Ich ... Wegrand:* Der Vers ist ein Echo auf Benns Gedicht *Hier ist kein Trost*, das so beginnt: »Keiner wird mein Wegrand sein.« Er hatte das Gedicht zuerst in seinem ELS gewidmeten Band *Söhne. Neue Gedichte von Gottfried Benn, dem Verfasser der Morgue* (Berlin [Oktober] 1913) abdrucken lassen, dann noch einmal in der Zs. *Das neue Pathos* vom November 1913; dort waren drei Monate zuvor unter dem Obertitel ELSs *Drei Gesänge an Giselheer* erschienen. – Denkbar ist aber auch, dass Benn das Gedicht von ELS bereits vor der Niederschrift kannte.

58. Der alte Tempel in Prag

Drucke: D[1] *Prager Tagblatt* 40. Jg., Nr. 73, Unterhaltungs-Beilage Nr. 11 (14. März 1915); D[2] *Die gesammelten Gedichte* (1917), S. 122.

Kommentar: [Titel] *Der alte Tempel in Prag:* Anfang April 1913 war ELS wegen einer Lesung auf Einladung des »Klubs deutscher Künstlerinnen« nach Prag gereist und hatte dort offenbar auch die mittelalterliche Alt-Neu-Synagoge im ehemaligen Prager Ghetto (V. 7: »Böhmens Judenstadt«) besichtigt. – Den Pragerdeutschen Schriftsteller Paul Leppin (1878–1945), dem das Gedicht gewidmet ist, hatte ELS im März 1907 anlässlich einer Lesung im Salon Cassirer kennengelernt und bei ihrem Prag-Besuch wiedergesehen. Über seinen 1905 erschienenen Roman *Daniel Jesus* hatte sie eine lobende Besprechung für die Zs. *Das Magazin* (4. Januar 1908) verfasst. Den Namen der Titelfigur übertrug ELS verschiedentlich auf Leppin selbst; vgl. *Der Malik* (KA 3.1, S. 458) sowie Hoffmann/Reinthal (2003). – In den *Gesammelten Gedichten* findet sich als Untertitel die Widmung an den Prager Autor: (*Otto Pick*). – 5 *Synagogenstern:* Gemeint ist der Davidstern, das nach dem biblischen König David benannte Hexagramm. Der sechszackige, aus zwei ineinander verwobenen gleichseitigen Dreiecken bestehende Davidstern gilt als Symbol des Volkes Israel und des Judentums.

59. Senna Hoy

Drucke: D[1] *Die Aktion* (Berlin) 5. Jg., Nr. 39/40 (25. September 1915), Sp. 494; D[2] *Die gesammelten Gedichte* (1917), S. 145 f.

Kommentar: Mit *Senna Hoy* ist der Schriftsteller und Publizist Johannes Holzmann (1882–1914) gemeint. Das Gedicht erschien zusammen mit *Verinnerlicht* in einem ausschließlich der Lyrik vorbehaltenen Heft der Zs. *Die Aktion*. Deren Herausgeber Franz Pfemfert leitete es mit folgender Bemerkung ein: »Dem Gedächtnis der getöteten Dichter, Ernst Stadler, Charles Péguy, Alfred Lichtenstein, Georg Hecht, Hans Leybold, Rudolf Börsch, Albert Michel, Hugo Hinz, widme ich diese Nummer der AKTION.« Das Gedicht erschien mit folgender Fußnote: »Senna Hoy starb im Vorjahre, zutotegemartert, in einer Katorga Russlands, ein Unschuldiger, Hochsinniger.« Vgl. ELSs Brief an Karl Kraus über Senna Hoy vom 16. Mai 1915 (KA 7, S. 39–44). – In den *Gesammelten Gedichten* stellte ELS einen kleinen Prosatext, *Senna Hoy †*, voran (S. 145; KA 3.1, S. 411 f.). – Das Pseudonym Senna Hoy (ein Ananym seines Vornamens) geht auf ELS zurück, die ihn um 1904 in Berliner Boheme-Kreisen kennengelernt hatte. Als Foren für seine sozialrevolutionär-pazifistischen Positionen nutzte er die von ihm herausgegebene anarchistische Zs. *Kampf*, die immer wieder von politischer Zensur betroffen war und mehrfach verboten wurde, ferner den Verlag Johannes Holzmann und den *Kampf*-Verlag. Nachdem er 1905 zu vier Monaten Haft wegen Beleidigung einer Amtsperson verurteilt worden war, emigrierte er in die Schweiz und arbeitete in Zürich zeitweilig als Redakteur der anarchistischen Zs. *Der Weckruf*. 1907 reiste er in den zum russ. Territorium gehörenden Teil Polens, wurde jedoch schon im selben Jahr zu 15 Jahren Zuchthaus in der Warschauer Zitadelle verurteilt und 1910 nach Moskau verlegt. ELS bemühte sich über Jahre intensiv, jedoch erfolglos um seine Freilassung. Im November 1913 reiste sie mit Holzmanns Bruder Heinrich nach Moskau, konnte aber für den schwerkranken Freund nichts bewirken. Johannes Holzmann starb am 28. April 1914 in der Irrenabteilung eines Gefängnisses bei Moskau und wurde am 14. Mai 1914 auf dem Jüdischen Friedhof in Berlin-Weißensee beigesetzt. Vgl. zur Biographie den Beitrag von Fähnders (1995). – Nach seinem Tod widmete ELS ihm eine Reihe von Gedichten; vgl. den Zyklus in den *Gesammelten Gedichten*: »Meinem so geliebten Spielgefährten / Senna Hoy // In Moskau der Prinz Sascha / Saß sündlos gefangen sieben Jahr«. Am 7. August 1915 ließ sie in der Zs. *Die Aktion* eine Zeichnung abdrucken u. d. T. »Jussuf zieht mit seinen jüdischen Häuptlingen im Morgengrauen über Moskau nach Metscherskoje«.

60. Georg Trakl †

Drucke: D[1] *Zeit-Echo* (München/Berlin) 2. Jg., H. 3 (1915/16 [Dezember 1915]), S. 33; D[2] *Die gesammelten Gedichte* (1917), S. 117 (u. d. T. *Georg Trakl*).

Kommentar: ELS hatte den österreichischen Schriftsteller Georg Trakl (1887–1914) im März 1914 in Berlin kennengelernt, als dieser seine Schwester Margarethe anlässlich ihrer Fehlgeburt besuchte. Im Juli reiste ELS nach Innsbruck, wo sie Trakl ein letztes Mal begegnete. Kurz nach Kriegsausbruch wurde er als Militärapotheker eingezogen (vgl. V. 13). Seine verstörenden Erlebnisse an der Ostfront in Galizien brachte Trakl in dem Gedicht *Grodek* bildstark zum Ausdruck. Der depressive, drogensüchtige Autor erlitt angesichts des Grauens einen Nervenzusammenbruch und starb infolge einer Überdosis Kokain am 3. November 1914 im Krakauer Militärhospital. ELS reagierte mit Erschütterung auf Trakls Tod (vgl. Briefe an Ludwig von Ficker vom November 1914; KA 7, 65 f.). Einige seiner suggestiv-hermetischen Gedichte waren durch die Publikation in der renommierten Zs. *Der Brenner* bekannt geworden; sein dort am 1. Mai 1914 abgedrucktes Gedicht *Abendland* enthält die Widmung »Else Lasker-Schüler in Verehrung«. 1913 erschien im Kurt Wolff Verlag in der Reihe *Der jüngste Tag* ein Band mit *Gedichten* Trakls, postum (1915) dann der Zyklus *Sebastian im Traum*. – In *Der Malik* (1919) wird er in Anspielung auf ein gleichnamiges Gedicht auch *Caspar Hauser* genannt (KA 3.1, S. 489). – 2 *als Knabe … im Himmel:* vermutlich Anspielung auf Trakls Gedichte *An den Knaben Elis* bzw. *Elis*, die um eine mythische, an das Elysium erinnernde Figur kreisen. – 5 *stritten über Religion:* Georg Trakl war evangelisch getauft, wuchs jedoch im katholisch geprägten Salzburg auf. In seinem Werk finden sich zahlreiche christliche Motive. – 8 *Im Anfang war das Wort:* Zitat des Prologs, mit dem das Johannes-Evangelium beginnt. – 9 *eine feste Burg:* Anspielung auf Luthers Kirchenlied *Ein feste Burg ist unser Gott*. – 10 *singende Thesen:* weitere Referenz auf den Reformator Martin Luther (vgl. V. 11), der am 31. Oktober 1517 seine 95 Thesen an die Tür der Wittenberger Schlosskirche heftete. – 12 *dreifaltige Seele:* Mit der Dreifaltigkeit bzw. Trinität wird in der christlichen Theologie die

Wesenseinheit von Gott Vater, Sohn (Jesus Christus) und Heiligem Geist bezeichnet. – 15 f. *Sein Schatten ... Zimmers:* vielleicht Anspielung auf Trakls Gedicht *In einem verlassenen Zimmer* (1913).

61. ⟨An Franz Marc⟩

Drucke: D[1] *Berliner Tageblatt und Handels-Zeitung* 45. Jg., Nr. 126 (Morgen-Ausg. vom 9. März 1916), S. [3]; D[2] *Die gesammelten Gedichte* (1917), S. 215 f.

Kommentar: Das Gedicht bildet den Abschluss eines Prosatextes (KA 3.1, S. 413 f.), der als Totenklage bzw. Nekrolog auf Franz Marc (1880–1916) zu lesen ist. ELS verfasste ihn unmittelbar nach dem Tod des Künstlerfreundes, der am 4. März 1916 in Braquis bei Verdun gefallen war. Sie hatte Marc im Dezember 1912 persönlich kennengelernt, nachdem dieser einen kongenialen Holzschnitt zu ihrem Gedicht *Versöhnung* für das Titelblatt des *Sturm* geschaffen hatte (vgl. Erl. zu Nr. 45). In der Folgezeit entwickelte sich eine freundschaftliche Beziehung, die zu einer regen Korrespondenz führte. Ihre Postkarten verzierten beide mit kleinen Zeichnungen bzw. Aquarellen, die Bildmotive des jeweils anderen aufnahmen (vgl. den Briefwechsel *Mein lieber, wundervoller blauer Reiter*, 1998). ELS bezog Marc in ihr Rollenspiel ein, indem sie ihn zum einen mit dem Namen der Künstlergemeinschaft »Der Blaue Reiter« titulierte, zu der neben Marc u. a. Wassily Kandinsky gehörte, und ihn zum andern als Ruben bezeichnete, den »Halbbruder« des Prinzen Jussuf von Theben. Die *Briefe und Bilder* der beiden erschienen ab dem 6. September 1913 in unregelmäßigen Abständen in der Zs. *Die Aktion*. Aus diesen Publikationen entwickelte sich die »Kaisergeschichte« *Der Malik* (1919), der aus Briefen an Franz Marc besteht. – 3 *Benediktbeuern:* Franz Marc und seine Frau Maria waren im April 1914 in ein eigenes Haus in Ried bei Benediktbeuern (nahe Kochel am See) gezogen. – 4 *Nubier:* dunkelhäutige Bewohner des Niltals. ELS benutzt die ethnographische Bezeichnung allgemein für Menschen mit schwarzer Hautfarbe; vgl. ihre Schilderung des Aufenthalts in Alexandrien im *Hebräerland* (KA 5, S. 56, 59 u. ö.).

62. Milly Steger

Drucke: D[1] *Die Schaubühne* (Berlin) 12. Jg., Bd. 1, Nr. 24 (15. Juni 1916), S. 582; D[2] *Die gesammelten Gedichte* (1917), S. 200.

Kommentar: Die Bildhauerin Milly Steger (1881–1948) hatte zunächst an der Kunstgewerbeschule in Elberfeld studiert, bevor sie in Düsseldorf Privatunterricht bei Karl Janssen erhielt. 1908 zog sie nach Berlin. Der Kunstmäzen Karl Ernst Osthaus berief sie 1910 in seine Künstlerkolonie nach Hagen, wo sie u. a. Großplastiken für öffentliche Gebäude schuf. Ihre überlebensgroßen Frauenakte an der Fassade des Hagener Stadttheaters (vgl. V. 3 f.) provozierten 1911 einen Skandal. Mitte März 1913 war ELS zu Gast bei der Familie Osthaus im Hohenhof und las im Hagener Folkwang-Museum; bei diesem Besuch könnte sie auch Milly Steger begegnet sein. Zwischen der Bildhauerin und ELS kam es jedoch »vor dem Thron Theben« – George Grosz zufolge – zu »Mißhelligkeiten« (zit. nach Klüsener/Pfäfflin, 1995, S. 132). Vermutlich fällt deshalb das verschlüsselte Porträt der burschikos-androgynen Bildhauerin im Briefroman *Der Malik* (1919) recht ambivalent aus: Dort begegnet sie in der Figur Milila bzw. Milli Millus aus Mareia und wird als hünenhafte »Frau in Mannestracht« (KA 3.1, S. 513) beschrieben; diese versucht »auf intrigante Weise, die Herrschaft [über Theben] zu gewinnen« (Schulte, 1997, S. 32; vgl. Schulte, 1998, S. 98 f.). – 2 *Löwen und Panther in Stein:* Für den Eingang der neuen Stadthalle in Hagen schuf Milly Steger 1914 kolossale Panther-Figuren; vgl. Abb. im Katalog *Die Grenzen des Frauseins aufheben. Die Bildhauerin Milly Steger 1881–1941*, hrsg. von Birgit Schulte […], Hagen 1998, S. 39. – 5 *Hännesken:* Figur des Spaßmachers aus dem Kölner (Stock-)Puppentheater; sie steht bis heute im Mittelpunkt des 1802 gegründeten Hänneschen-Theaters. – 10 *Gulliverin:* verweiblichte Variante des Namens der männlichen Hauptfigur in Jonathan Swifts satirisch-phantastischem Roman *Travels into Several Remote Nations of the World in Four Parts by Lemuel Gulliver* […] (1726), der im dt. Sprachraum u. d. T. *Gullivers Reisen* bekannt wurde. Vgl. dazu Schulte (1997), S. 28 f. – 11 f. *Sie … Weib:* Anspielung auf die Genesis, der zufolge Eva von Gott aus einer Rippe Adams erschaffen wurde (1 Mose 2,21 f.).

63. Abschied (*Aber du kamst nie mit dem Abend ...*)

Drucke: D[1] *Zeit-Echo* (München/Berlin) 2. Jg., H. 11 (1915/16 [August 1916]), S. 165; D[2] *Die gesammelten Gedichte* (1917), S. 213.

Kommentar: 7 *Farren:* veraltete Bez. für ›Farn‹. – 8 *Guirlande:* frz. Schreibung von ›Girlande‹. – 12 *goldenen Schuhen:* Dieses Attribut von Märchenfiguren (u.a. Aschenputtel) trägt auch die Titelfigur in *Die Nächte Tino von Bagdads* (1907), die ihre Schuhe jedoch vor dem Betreten der Moschee auszieht.

64. Theodor Däubler

Drucke: D[1] *Zeit-Echo* (München/Berlin) 2. Jg., H. 14 (1915/16 [November 1916]), S. 218; D[2] *Die gesammelten Gedichte* ([2][1919]/[3]1920), S. 169.

Kommentar: Den Schriftsteller Theodor Däubler (1876–1934) lernte ELS Anfang 1913 anlässlich einer Exkursion nach Dessau zusammen mit Kurt Pinthus, Franz Werfel und Paul Zech kennen. Nach seiner Übersiedelung nach Berlin im Jahre 1916 kam es zu weiteren persönlichen Begegnungen mit Däubler, den sie auch »Großhäuptling Mordercheï Theodorio« nannte (*Der Malik*; KA 3.1, S. 486) – in Anspielung auf die alttestamentliche Geschichte Esthers; zusammen mit seiner Pflegetochter verhindert Morderchei die Ausrottung der Juden im persischen Reich (vgl. das Gedicht *Esther*, Nr. 51). Däubler war vor allem durch sein monumentales dreiteiliges Versepos *Das Nordlicht* (Florentiner Ausgabe, Leipzig/München 1910) bekannt geworden; es folgten u.a. die Gedichtbände *Der sternhelle Weg* (1915) und *Hymne an Italien* (1916). Zusammen mit Däubler, George Grosz u.a. las ELS am 17. November und 7. Dezember 1916 auf Autorenabenden der *Neuen Jugend* in München und Mannheim aus ihren Werken. Vgl. ELSs Prosaskizze *Unser Spielgefährte Theodorio Däubler. Ein Wort an unseren hochverehrten Theodor Wolff* in *Gesichte* (KA 3.1, S. 526 f.), in der sie den Kollegen gegen Kritiker in Schutz nahm. – 13 *Schwer prangen ... Granatäpfel:* Paraphrase des ersten Verses von Däublers Gedicht *Sommergebet*: »Es prangen Granatäpfelranken im Garten / […]« (*Der sternhelle Weg*, Dresden 1915, S. 19). – 17 *Werwolf*: Sagengestalt des Mannes, der sich – meist nach einem Pakt mit dem Teufel – in einen Wolf verwandelt (daher auch Mannwolf genannt). Die Figur ist Gegenstand einer allerdings erst 1921 erschienenen Novelle Däublers. – *weißer Lawin:* Vielleicht eine Anspielung auf eine Strophe aus dem 1. Teil (»Das Mittelmeer«) des Zyklus *Das Nordlicht* (Kap. »Rom«): »Bald sieht sich der Winter im Lager umzingelt, / Er reißt seine Zelte ab, groß ist die Wucht. / Es hat sich der Schnee schon wie Leinwand geringelt / Und stürzt als Lawine hinab in die Schlucht« (Theodor Däubler, *Kritische Ausgabe*, Bd. 6.1: *Das Nordlicht*, hrsg. von Stefan Nienhaus und Dieter Werner, Dresden 2004, S. 151). – 19 *Evviva:* (ital.) ›Hoch!‹, ›Heil!‹ – *Fürst von Triest:* Däubler war in Triest geboren und hatte dort und in Venedig seine Kindheit und Jugend verbracht. Vgl. die Zeichnung *Fürst von Triest / Mordechai* (Abb. in: ELS, *Die Bilder*, 2010, S. 41).

65. Gebet

Drucke: D[1] *Frankfurter Zeitung und Handelsblatt* 61. Jg., Nr. 356 (Erstes Morgenblatt vom 24. Dezember 1916), S. 7; D[2] *Die gesammelten Gedichte* (1917), S. 217.

Kommentar: In den *Gesammelten Gedichten* fügte ELS die Widmung *(Meinem teuren Halbbruder, dem blauen Reiter)* hinzu. – 1 f. *eine Stadt … Pforte:* Die gesuchte Stadt ist vermutlich das himmlische bzw. Neue Jerusalem, wie es in der Offenbarung des Johannes (Offb 21) beschrieben wird, als eine lichtdurchflutete, würfelförmige Stadt aus glasartigem Gold; sie hat auf jeder der vier Seiten jeweils drei Stadttore, auf denen insgesamt zwölf Engel stehen. – 8 *blau:* Die Farbe Blau war ELSs »Lieblingsfarbe« (Brief an Franz Marc vom 3. Januar 1913, in: ELS / Franz Marc, *Mein lieber, wundervoller blauer Reiter*, 1998, S. 40) und hatte für sie zeitlebens eine besondere Bedeutung – als Farbe der Transzendenz bzw. metaphysischen Sehnsucht und als Farbe der Poesie. Vgl. z. B. das Kap. *Das blaue Gemach* in: *Die Nächte Tino von Bagdads* (1907; KA 3.1, S. 70 f.) und *Mein blaues Klavier* (Nr. 89).

66. O ich möcht aus der Welt!

Drucke: D[1] *Neue Jugend. Eine Zeitschrift für moderne Kunst und jungen Geist* (Berlin) 1. Jg., H. 11/12 (Februar/März 1917), S. 226; D[2] *Die gesammelten Gedichte* ([Sommer] 1917), S. 214.

Kommentar: In den *Gesammelten Gedichten* findet sich die Widmung: *(Meinem Doktor Benn)*; zu Gottfried Benn vgl. Erl. zu *Giselheer dem Heiden* (Nr. 55).

67. Ein Lied

Drucke: D[1] *Frankfurter Zeitung und Handelsblatt* 61. Jg., Nr. 144 (Abendblatt, 26. Mai 1917), S. 1; D[2] *Die gesammelten Gedichte* ([2]1919), S. 128.

Emendation: 11 *deinem*] *deinen* (korrigiert nach D[2]).

68. Abschied (*Ich wollte dir immerzu ...*)

Drucke: D[1] *Berliner Börsen-Courier* 50. Jg. (Literatur-Beilage zur Jubiläums-Ausgabe vom 1. Oktober 1918), S. 22; D[2] *Die gesammelten Gedichte* ([2]1919), S. 122.

69. Hagar und Jsmaël

Drucke: D[1] *Die weißen Blätter* (Berlin) 6. Jg., H. 11 (November 1919), S. 495; D[2] *Hebräische Balladen* ([3]1920), S. 25.

Kommentar: Das ›Bibelgedicht‹ bezieht sich auf die alttestamentliche Geschichte von Abraham und Sara, deren Ehe zunächst kinderlos blieb. Daher zeugte Abraham mit Saras ägyptischer Sklavin Hagar einen Sohn namens Ismael. Nachdem Sara wider Erwarten schwanger geworden ist und Isaak zur Welt gebracht hat, verstößt sie die beiden und schickt sie in die Wüste (vgl. 1 Mose 16,1–6 und 21,8–21). Ihre Errettung durch Gott wird im Gedicht nicht thematisiert bzw. ausgespart. Der Name Hagar bedeutet ›Flucht‹, der ihres Sohnes ›Gott hört‹. Im *Hebräerland* (1937) heißt es: »Schon die biblische Rebekka schritt an den Brunnen und Hagar, alle Erzmütter der Israeliten« (KA 5, S. 56). Zur Bedeutung der Hagar-Geschichte bemerkt Motté: »Ihr [Hagar] nennt Gott den Namen und die Berufung ihres Sohnes Ismael, ihr naht er sich durch seinen Engel an einem Brunnen und rettet und tröstet sie. Mit ihr beginnen die ›Brunnengeschichten‹, die von schicksalswendenden Ereignissen im Leben berühmter Frauen (Rebekka, Rahel, Zippora, die Samariterin) erzählen« (Motté, 2010, S. 116 f.). – 1 *Muscheln:* Das Motiv begegnet auch im Gedicht *Abraham und Isaak* (Nr. 53, V. 11).

70. Joseph

Drucke: D[1] *Die weißen Blätter* (Berlin) 7. Jg., H. 4 (April/Mai 1920), S. 155; D[2] *Theben* (1923), n. p.

Kommentar: Zur alttestamentlichen Geschichte Josephs (1 Mose 37–50) vgl. Erl. zu *Pharao und Joseph* (Nr. 42). – 4 *für des Vaters Liebe büßte:* Joseph ist Jakobs Lieblingssohn, weil dieser ihm in hohem Alter geboren wurde; die Bevorzugung durch den Vater führt jedoch – neben Josephs Fähigkeit der Traumdeutung – zu Neid und Feindseligkeit der Brüder, die ihm nach dem Leben trachten. – 6 *nach Gottosten:* vermutlich Anspielung auf den Auszug des Volkes Israel aus Ägypten in Richtung Kanaan; vgl. Erl. zu *Mein Volk* (Nr. 30, V. 12: »gen Ost«). – 8 *Silberlohn:* Joseph wird von seinen Brüdern für 20 Silberstücke an midianitische Kaufleute verschachert. Diese bringen ihn nach Ägypten und verkaufen ihn weiter an Potiphar, den Kämmerer des Pharao (1 Mose 37,28/36); vgl. V. 24: »Haus des Potiphars«. Das Kompositum erinnert auch an den von Judas Ischariot für seinen Verrat Jesu Christi empfangenen Lohn von 30 Silberlingen (Mt 27,3 ff.). – 19 *Canaans:* Nach dem 1. Buch Mose (12 ff.) bezeichnet Kanaan das Abraham und seinen Nachkommen versprochene Land, das Gelobte Land. – 25 *Traume ... Garben:* Der Schlussvers lässt sich zum einen auf Josephs Traum von den Garben beziehen, die sich vor ihm verneigen (1 Mose 37,7), zum andern auf den von Joseph gedeuteten Traum des Pharao von den sieben vollen und sieben mageren Ähren (1 Mose 41,5–7).

71. Gott hör ....

Drucke: D[1] *Die weißen Blätter* (Berlin) 7. Jg., H. 11 (November 1920), S. 505; D[2] *Der Wunderrabbiner von Barcelona* (1921), S. 7–10.

Kommentar: [Widmung] *Hugo Simon dem Boas:* Die Widmung bezieht sich auf den Berliner Bankier, Politiker und Kunstmäzen Hugo Simon (1880–1950). Er stammte aus einer jüdischen Familie und war nach der Novemberrevolution 1918 als Mitglied der USPD kurzzeitig Finanzminister im preußischen Rat der Volksbeauftragten. In seinem Haus trafen sich Intellektuelle, Künstler, Politiker und Wissenschaftler; dazu gehörten u. a. Alfred Döblin, Tilla Durieux, Samuel Fischer, George Grosz, Oskar Kokoschka, Heinrich Mann, Ernst Rowohlt, Stefan Zweig und Carl Zuckmayer. – Zur alttestamentlichen Gestalt des Boas vgl. Erl. zu *Ruth* (Nr. 27) und *Boas* (Nr. 52).

72. ⟨An meine Freunde⟩

Drucke: D[1] *Berliner Börsen-Courier* 53. Jg., Nr. 603 (Morgen-Ausgabe vom 25. Dezember 1921, 1. Beilage); D[2] *Konzert* (1932), S. 160 f.

Kommentar: ELS übernahm das Gedicht in überarbeiteter Form mit dem Titel *An meine Freunde* und dem Untertitel: *(An meine Freunde, die ich verlassen musste, und die mit mir geflüchtet in die Welt.)* in ihren letzten Gedichtband *Mein blaues Klavier* (1943; S. 8 f.); dort hat es die Funktion eines Prologs. – 7 *Gespräch ... Konzert:* Die Formulierung erinnert an eine Bemerkung, die sich im letzten Brief an Franz Marc vom 9. (?) Januar 1916 findet: »[...] am wertvollsten ist doch nur das Gespräch, das Musik wird, ein Concert worauf Gott sich herabläßt« (KA 7, S. 107). – 17 *Engel Gabriel:* Vgl. Erl. zu *Sulamith* (Nr. 9, V. 3).

73. Marianne von Wereffkin

Druck: D[1] *Der Querschnitt durch das Jahr 1922. Marginalien der Galerie Flechtheim*, Düsseldorf [u. a.] 1922, S. 45.

Kommentar: Die aus der russischen Oberschicht stammende Malerin Marianne (von) Werefkin (1860–1938) wurde 1880 Privatschülerin von Ilja Repin und orientierte sich künstlerisch zunächst am Realismus, dann am osteuropäischen Impressionismus. Nach dem Tod ihres Vaters 1896 zog sie mit dem Malerfreund Alexej Jawlensky nach München. Nach Aufenthalten in Frankreich entwickelte sie ab 1907 ihren expressionistischen Malstil und gehörte zu den Gründungsmitgliedern der »Neuen Künstlervereinigung München«, die zu einer Keimzelle des »Blauen Reiters« (1911) wurde. ELS lernte Werefkin über Franz Marc kennen. Mit Hilfe der Malerin gelang es ihr, im November 1913 nach Russland zu fahren, um sich für den inhaftierten Johannes Holzmann einzusetzen (vgl. KA 7, S. 42 f. sowie Erl. zu *Senna Hoy*, Nr. 59). Nach Ausbruch des Ersten Weltkriegs emigrierte Werefkin in die Schweiz. Ab 1918 bis zu ihrem Tod lebte sie in Ascona am Lago Maggiore, wo ELS »die aller tiefste und bunteste Baronessa« (KA 7, S. 312) mehrfach besuchte. Vgl. die beiden nachgelassenen Gedichte gleichen Titels (KA 1.1, S. 344 f.). Zur Beziehung zwischen ELS und Werefkin vgl. Behr (2017). – 1–3 *Farben … Kobaltblau:* Schulte (1997) schreibt dazu: »[…] die Palette nennt exakt die Farben, mit denen sie [Werefkin] 1907 ihr berühmtestes Bild gemalt hat: *Die Steingrube*. Das Blau steht exponiert. Es ist die Lieblingsfarbe Werefkins […]« (S. 37). – 5 *adeligen Straßenjungen:* In ihrem ersten Brief an Werefkin vom April 1913 adressiert ELS sie als »Hochverehrte Prinzessin, vieladeliger, wilder Junge, süße Malerin« und fügt ihrer Unterschrift folgenden Klammervermerk hinzu: »(Der blauen Reiterreiterin Freundin.)« (Abb. bei Behr, 2017, S. 94). – 7 *Schelm der Russenstadt:* Dazu bemerkt Bernd Fäthke in seiner Monographie *Marianne Werefkin:* »Bild [das *Bildnis Marianne Werefkin* von Ilja Repin,

1888] und Gedicht [von ELS] machen auch jene Anekdote glaubwürdig, Werefkin habe einmal, als die Wachmannschaft der Peter-Pauls-Festung zu Ehren eines Besuchs des Zaren in Galauniform zum Appell angetreten war, mit einem wilden Ritt durch die Reihen der Soldaten – zum Entsetzen des Vaters und des Zaren – das ganze militärische Zeremoniell durcheinandergebracht« (München 2001, S. 30). – 9 *Ihren Vater … Alexanders:* Wladimir Nikolajewitsch Werjowkin (1821–1896) war ein russischer Adeliger, der im Laufe seiner militärischen Karriere im Dienst der Zaren Alexander II. und Alexander III. stand. Er wurde General und ab 1886 Kommandant der Peter-und-Paul-Festung in Sankt Petersburg. – 11 *malte ihn, achtjährig:* Werefkins zeichnerische Begabung wurde bereits mit acht Jahren entdeckt, allerdings ist ein Porträt des Vaters aus dem Kindesalter nicht überliefert. Vgl. Fäthke, s. o., S. 14 f. und 264. – 13–16 *Goldene … Sonntag:* Schulte (1997) zufolge lässt sich die Strophe »als konkrete Beschreibung der Darstellung auf einem Gemälde lesen, der Schilderung eines Erntedankfestes, einer Szene des ländlichen Lebens, wie Marianne von Werefkin sie tatsächlich gemalt hat« (S. 37). Gemeint sind hier vermutlich die Gemälde *Obsternte in einem Gebirgsgarten* (um 1912) sowie *Frühlingssonntag* (1907).

74. An die Einwohnerschaft Berlins

Druck: D[1] *Berliner Börsen-Courier* 55. Jg., Nr. 47 (Morgen-Ausgabe vom 28. Januar 1923, 1. Beilage).

Kommentar: Die Redaktion stellte folgenden Text voran: »Der Notschrei einer Dichterin. Wir erhalten mit der Bitte um Veröffentlichung folgende Gebrauchslyrik.« Das als moritatenhafte Wohnungsannonce formulierte Gedicht ist unterzeichnet mit: »Else Lasker-Schüler, / Berlin, Motzstr. 78.« – ELS wohnte nach der Scheidung von Herwarth Walden in diversen Pensionen bzw. Hotels; ab 1918 war sie Dauergast im Hotel Koschel (später: Sachsenhof), das für sie »ein fruchtbarer Planet« war, wie sie im Essay *Die Lamas* (1925) anmerkt (KA 4.1, S. 93). Inhaber war der aus Elberfeld stammende Heinrich Münch, ein Freund ihres Bruders Moritz.

75. Abschied (*Der Regen säuberte die steile Häuserwand...*)

Druck: D[1] *Berliner Tageblatt und Handels-Zeitung* 52. Jg., Nr. 151 (Morgen-Ausgabe vom 30. März 1923), S. [3].

Kommentar: 9 *missgönnen uns das Land:* Anspielung auf die virulente Debatte über die von zionistischen Kreisen propagierte und aktiv betriebene Ansiedelung von Diaspora-Juden in Palästina – unter Berufung auf die biblische Überlieferung, der zufolge Gott den Nachkommen Abrahams das Gelobte Land auf ewig versprochen hat (1 Mose 13,14 f). Die Besiedelung des Territoriums mit dem Ziel eines jüdischen Nationalstaats wurde während des Ersten Weltkriegs zunehmend problematisch, da die Siedler zwischen die Fronten des Osmanischen Reiches und Großbritanniens gerieten. Bei der Umsetzung der Balfour-Erklärung von 1917 unter britischem Mandat kam es in den folgenden Jahren zu gewaltsamen Unruhen, die den Beginn des Nahost-Konflikts markieren. 1923 erfolgte die Aufteilung Palästinas. – Dass ELS den »Hebräerstaat« (KA 7, S. 252) befürwortete und sich aktiv dafür einsetzte, zeigen u. a. ihre Lesung zugunsten des »Palästina-Aufbaufonds« Anfang 1920 (vgl. ebd., S. 176, 178 und 480) sowie ihr »Palästina-Plaidoyer« [sic] im Januar 1923 (ebd., S. 258). In der ersten Hälfte der 1920er Jahre äußerte sie in Briefen wiederholt den Wunsch, nach Palästina bzw. Jerusalem zu reisen. – 10 *Gott im Osten ... verzogen:* weitere Anspielung zum einen auf die alttestamentliche Erzählung vom Auszug der Israeliten aus Ägypten unter Mose und der Wüstenwanderung in Richtung Osten ins Gelobte Land (Kanaan), zum andern auf den schwelenden politischen Konflikt um Palästina (s. o.). – 11 *Ebenbilde:* Laut Genesis ist der Mensch das »Ebenbild Gottes«, er untergräbt seine Gottähnlichkeit jedoch durch den Sündenfall (1 Mose 1,26 f.). – 13 *seiner Schöpfung Ruhetag:* In der Genesis wird erzählt, dass Gott nach seiner Schöpfung am siebten Tag ruhte und diesen Tag heiligte (1 Mose 2,2 f.). Im Judentum gehört die Einhaltung des Sabbats, an dem nicht gearbeitet werden soll, zu den Zehn Geboten.

76. Jankel Adler

Druck: D[1] *Berliner Tageblatt und Handels-Zeitung* 53. Jg., Nr. 326 (Morgen-Ausgabe vom 11. Juli 1924), S. [2].

Kommentar: Der aus Tuszyn (Polen) gebürtige Jankel (eigentlich Jakub) Adler (1895–1949) übersiedelte 1912 nach Deutschland und wohnte zunächst bei seinen Geschwistern in Barmen. Dort studierte er ab 1916 an der Kunstgewerbeschule bei Gustav Wiethüchter. 1919 war er Mitbegründer der Gruppe »Jung Jiddisch« in Lodz, die auch eine gleichnamige Zs. herausgab. Nach einer Zwischenstation in Berlin, wo er sich im Umfeld von Franz Pfemferts Zs. *Die Aktion* bewegte, kehrte Adler kurzzeitig nach Barmen zurück, bevor er sich in Düsseldorf niederließ. Er schloss sich den Künstlervereinigungen »Die Wupper« und »Das Junge Rheinland« an und pflegte enge Kontakte zum Kreis der »Kölner Progressiven« (s. u.). Adlers Verwurzelung in der jüdischen Mystik spiegelt sich in vielen seiner bildkünstlerischen Werke wider, in denen sich häufig Gestalten und Szenen des Ostjudentums finden. Vgl. zum künstlerischen Werdegang Annemarie Heibel, *Jankel Adler (1895–1949)*, 2 Bde., Münster 2016, Bd. 1: *Monographie*; Bd. 2: *Werkverzeichnis*. – 1924, vielleicht schon 1923, entstand sein lebensgroßes Bildnis ELSs, das heute im Besitz des Wuppertaler Von der Heydt-Museums ist; vgl. Abb. in: *Jankel Adler und die Avantgarde: Chagall, Dix, Klee, Picasso* [= Ausstellungskatalog], hrsg. von Antje Birthälmer und Gerhard Finckh, Wuppertal 2018, S. 295 (Abb. Porträtskizze ELSs ebd., S. 294). – 2 *aus einer Stadt ... dieselbe Schule:* Laut Heibel können diese Worte »nur im übertragenen Sinn verstanden werden [...]: Wir gehören derselben Kultur an, wir haben die gleiche Auffassung in wichtigen Bereichen. [...] Mit dem Wort *Schule* ist wahrscheinlich das jiddische Wort *schul* gemeint, das Synagoge und auch Versammlungsraum der Gemeinde bedeutet« (s. o., Bd. 1, S. 101). Vgl. auch Nicole Hartje-Grave, »Jankel Adler in Berlin und Düsseldorf. Kontakte zur revolutionären Kunstszene, zur Novembergruppe und zu ELS«, in: *Jankel Adler und die Avantgarde* (s. o., S. 115–129, hier S. 128). – 6 *Balchem:* Adler war in der Welt des chassidischen Judentums aufgewachsen. Als Begründer des Chassidismus, einer mystischen Form jüdischer Religiosität, gilt der ukrainische

Rabbiner Baal-Schem Tov (›Besitzer/Meister des guten Namens‹; d.i. Israel Ben Elieser; 1700–1760). 1919 gestaltete Adler in »einem ersten großen malerischen Zyklus […], beeinflußt von der Figurenwelt El Grecos und in expressionistischer Manier, das Thema des *Baal Schem*« (*Jankel Adler 1895–1949* [Katalog], hrsg. von der Städtischen Kunsthalle Düsseldorf […], Köln 1985, S. 15f. und 220; vgl. Heibel, s.o., Bd. 1, S. 66–88). – 8f. *Wie … Hallelujastadt:* Anspielung auf den Einzug Jesu in Jerusalem (Palmsonntag; Mt 21, 1–11). – *Urrabunivater:* Rabbuni ist eine biblische bzw. hebr. Anredeform im Sinne von ›Mein Meister‹ oder ›Mein Lehrer‹; weitgehend gleichbedeutend mit ›Rabbi‹. – 11 *Harfenschrift:* Adler wählte für seine Bilder nicht nur häufig jüdische Motive, Themen und Figuren, sondern verzierte diese auch immer wieder mit hebräischen Schriftzeichen. Für diese benutzte ELS häufig die Harfen-Metapher; vgl. Erl. zu dem Gedicht *Versöhnung* (Nr. 45, V. 3f.) sowie Heibel (s.o., Bd. 1, S. 101). – 12 *Zebaoth:* Vgl. Erl. zu *Das Lied des Gesalbten* (Nr. 8, V. 1) sowie das Gedicht *Zebaoth* (Nr. 31). – 14 *Goldverleiher mit dem Fuchshaar:* Heibel zufolge ist wahrscheinlich Adlers verschollenes Gemälde *Der Kaufmann* (vermutlich 1924) gemeint (s.o., Bd. 1, S. 102; Bd. 2, S. 70). – 15 *Davidstern:* Vgl. Erl. zum Gedicht *Versöhnung* (Nr. 45, V. 1). – 17 *Im Morgenrot und frühen Tod:* Anspielung auf das (von Friedrich Silcher vertonte) Gedicht *Reiters Morgenlied* (1824) von Wilhelm Hauff, das mit den Versen beginnt: »Morgenrot, Morgenrot / Leuchtest mir zum frühen Tod? […].« – 16–18 *Die Wupperstadt … Frieden«:* Heibel verweist hier auf das vermutlich 1921 entstandene (verschollene) Gemälde *Der Bildhauer und der Totenvogel*, das eine Inschrift in jiddischer Sprache trägt; diese lautet übersetzt: »O Nacht, bald wirst Du auch uns fangen« (s.o., Bd. 1, S. 103; Bd. 2, S. 50f.). – 18 *Schwesterlein:* Name und Todesdatum nicht ermittelt. – 19f. *Bildnis … Wäscher:* Adler hatte den Schauspieler Aribert Wäscher 1920 in Berlin kennengelernt; wann das Porträt entstand, ließ sich nicht ermitteln; laut Heibel ist das Bildnis unbekannt (s.o., Bd. 1, S. 103). Der Bühnen- und Filmschauspieler Aribert (eigentlich Robert Ernst Wilhelm) Wäscher (1895–1961) debütierte 1919 am Berliner Kleinen Theater, bevor er 1920 ans Deutsche Theater wechselte. Im gleichen Zeitraum übernahm er kleinere Rollen in Stummfilmen (*Der Friedhof der Lebenden, Die Beichte einer Ausgestoßenen*, beide 1921, u.a.). Zu größerer Bekanntheit gelangte er erst ab Mitte der 1920er Jahre und avancierte zu einem populären Charakterdarsteller. ELS war ihm bei einer Lesung am 30. September 1921 im Berliner »Meistersaal« begegnet. – 22 *Seyferts:* Gemeint ist der Maler und Bildhauer Franz Wilhelm Seiwert (1894–1933), den Adler 1917 in Köln kennengelernt hatte. Er gehörte zu der Anfang der 1920er Jahre gegründeten Künstlergruppe der »Kölner Progressiven«. Vgl. den um 1925 entstandenen Brief »An Jankel Adler!«, abgedruckt im Katalog *Jankel Adler und die Avantgarde* (s. o., S. 35) sowie das 1923 entstandene Seiwert-Porträt (Abb. ebd., S. 285). – 26 *»Hahnenverkäufer«:* Eine Photographie des auf 1924 datierten, heute verschollenen Gemäldes *Jude mit Hahn* findet sich im Katalog *Jankel Adler und die Avantgarde* (s. o., S. 23). – 29 *der hebräische Rembrandt:* Der niederl. Barock-Künstler Rembrandt van Rijn (1606–1669) gestaltete in seinen Werken vielfach Szenen, Figuren und Motive aus dem AT, z. B. *Die Blendung Simsons* oder *Saul und David.*

77. Letzter Abend im Jahr

Drucke: D^1 *Berliner Tageblatt und Handels-Zeitung* 58. Jg., Nr. 1 (Morgen-Ausgabe vom 1. Januar 1929); D^2 *Konzert* (1932), S. 71.

Kommentar: 12 *Gottost:* vermutlich Anspielung auf den Auszug des Volkes Israel aus Ägypten in Richtung Kanaan; vgl. Erl. zu *Mein Volk* (Nr. 30, V. 12: »gen Ost«).

78. Ein Lied an Gott

Drucke: D^1 *Berliner Tageblatt und Handels-Zeitung* 58. Jg., Nr. 46 (Morgen-Ausgabe vom 27. Januar 1929); D^2 *Konzert* (1932), S. 7 f.

79. (*Rosen, Nelkenseifen, weiß und lila Flieder …*)

Drucke: D[1] *Berliner Tageblatt und Handels-Zeitung* 58. Jg., Nr. 182 (Morgen-Ausgabe vom 18. April 1929); D[2] *Konzert* (1932), S. 167.

Kommentar: Das Gedicht ist in den Essay *Stadt, Buch und Läden* integriert und wird folgendermaßen eingeleitet: »Und wie man gerne ab und zu einen Schmöker liest, so liebe ich auch die anspruchslosesten Ladenfenster primitiver Läden klirrend umzublättern. Wie amüsant sind doch die Seifenfilialen, Wasservogel [d. i. die Seifenhandlung Arthur Wasservogel], ein Schwarm davon in jedem Viertel« (KA 4.1, S. 172). Auf den Schlussvers folgt die Bemerkung: »Es gibt ja soviel Läden, was brauch' ich einen Bücherschrank! Zerstreuung bietet mir der Strassen [sic] mannigfaches Leben« (ebd.). – 3 *Kitschodeuren:* frz. *odeur* ›(Wohl-)Geruch‹. – 8 *Tante Maier:* verhüllende umgangsspr. Redewendung für die Toilette. – 10 *Lux … Persil:* Markennamen für Waschpulver.

80. Aus der Ferne

Drucke: D[1] *Berliner Tageblatt und Handels-Zeitung* 60. Jg., Nr. 430 (Morgen-Ausgabe vom 12. September 1931); D[2] *Konzert* (1932), S. 326.

Kommentar: Der Sammelband *Konzert* schließt mit diesem Gedicht, so dass es dort als eine Art Epilog zu lesen ist.

81. Ouvertüre

Drucke: D[1] *Die Weltbühne* (Berlin) 28. Jg., Bd. 2, Nr. 44 (1. November 1932), S. 659; D[2] *Mein blaues Klavier* ([Juni] 1943), S. 17.

Kommentar: [Titel] Als *Ouvertüre* (frz. *ouverture* ›Eröffnung‹) wird das instrumentale Vorspiel zu Bühnenwerken (vor allem zu Opern), Oratorien usw. bezeichnet.

82. (*Ich schließ das Fenster zu ...*)

Druck: D[1] *Berliner Tageblatt und Handels-Zeitung* 61. Jg., Nr. 544 (Morgen-Ausgabe vom 16. November 1932).

Kommentar: Das Gedicht steht am Ende der Prosaskizze *November*; vgl. KA 4.1, S. 269–271.

83. (*Wir stehen längst geknickt wo angelehnt ...*)

Druck: D[1] *Berliner Börsen-Courier* 65. Jg., Nr. 603 (Express-Morgen-Ausgabe vom 25. Dezember 1932, 3. Beilage), S. 13.

Kommentar: Das Gedicht bildet den Abschluss des Essays *Der Weihnachtsbaum*; vgl. KA 4.1, S. 271–273.

84. Abendzeit

Drucke: D[1] *Die Sammlung* (Amsterdam) 1. Jg., H. 2 (Oktober 1933), S. 104; D[2] *Mein blaues Klavier* ([Juni] 1943), S. 21 f.

Kommentar: Das Gedicht ist ELSs erste Publikation nach ihrer Flucht in die Schweiz am 19. April 1933. In Zürich lernte sie Klaus Mann kennen, in dessen Exil-Zeitschrift *Die Sammlung* sie mehrere Gedichte veröffentlichen konnte und mit dem sie in den folgenden Jahren in Briefkontakt blieb. Vgl. die Tagebuch-Zitate bei Klüsener/Pfäfflin (1995), S. 237. – 32 *Offenbarung:* Vgl. folgende Passage aus dem *Hebräerland:* »Was beweist hirnklarste Logik neben der Wahrheit der Offenbarung! Die Offenbarung ist nicht zu lehren und nicht zu lernen, auch nicht zu beschwören« (KA 5, S. 117). – 33 *meine Mutter:* Jeanette Schüler; vgl. Erl. zu *Mutter* (Nr. 11), ferner die Gedichte *Mein stilles Lied* (Nr. 29) und *Meine Mutter* (Nr. 46).

85. Die Verscheuchte

Drucke: D[1] *Die Sammlung* (Amsterdam) 1. Jg., H. 7 (März 1934), S. 384; D[2] *Mein blaues Klavier* ([Juni] 1943), S. 24.

Kommentar: In einer handschriftlichen Version findet sich die Titelvariante *Das Lied der Emigrantin*; dort schließt das Gedicht mit dem Vers: »Und alles starb was ich für dich gefühlt.« (KA 1.2, S. 313 f.); vgl. das Faksimile im Marbacher Katalog (Klüsener/Pfäfflin, 1995, S. 243) sowie Oellers (2010), S. 127 f. – 1 f. *Es ist … Welten sich:* Oellers (2010) sieht hier eine Parallele zu einem Jugendgedicht Goethes: »Im Nebel tief verborgen / Liegt um mich her die Welt […]« (S. 130 f.). – 8 *Ich streife … Wild:* Vers vielleicht angeregt von Hölderlins Elegie *Menons Klage um Diotima* (V. 6): »[…] so flieht das getroffene Wild in die Wälder«. – 10 *Wo soll ich hin:* Reminiszenz an Hölderlins Ode *Abendphantasie* (1799), deren 3. Strophe mit der Frage »Wohin denn ich?« beginnt. Die Frage begegnet auch in dem Gedicht *Über glitzernden Kies* (Nr. 91, V. 4). – *kalt der Nordsturm:* Anspielung auf die politische Situation in Deutschland nach der Machtübernahme durch die Nationalsozialisten. Oellers (2010) zufolge liegt hier eine weitere Anspielung auf Goethe vor (S. 131). – 12 *Wegerich:* Die Pflanzenmetapher erinnert an den Vers »Ich bin dein Wegrand« aus dem Gedicht *Höre!* (Nr. 57, V. 7), das zum Benn-Zyklus gehört. In einem Brief an Ernst Simon vom 9. November 1940 schreibt ELS: »Ich fahre herum, meine Sachen fahren herum und ich bin Wegerich« (KA 10, S. 117). – 17 *Pfeil … auf mich gezielt:* Der Vergleich kann – ebenso wie die Titelvariante (s. o.) – als Anspielung auf Gottfried Benns Rundfunkrede *Antwort an die literarischen Emigranten* (24. Mai 1933) gelesen werden. Darin hatte er auf Klaus Manns briefliche Bitte reagiert, zu seiner öffentlichen Parteinahme für das NS-Regime Stellung zu beziehen. In seiner *Antwort* sprach Benn den ins Exil geflüchteten Autoren das Recht ab, die neue politische Situation in Deutschland kritisch zu kommentieren: »Nur die, die durch die Spannungen der letzten Monate hindurchgegangen sind, die von Stunde zu Stunde […] alles dies fortlaufend aus unmittelbarer Nähe miterlebten, Tag und Nacht mit ihm rangen, selbst die, die das alles nicht jubelnd begrüßten, sondern es mehr erlitten, mit diesen allen kann man reden, aber mit den Flüchtlingen, die ins Ausland reisten, kann man es nicht« (Gottfried Benn, *Sämtliche Werke*, Bd. 4: *Prosa 1933–1945*, Stuttgart 1989, S. 24 f.). – Die letzte Strophe (V. 16 f.) wurde für die Buchausgabe (D²) ersatzlos gestrichen.

86. Ich liege wo am Wegrand übermattet

Drucke: D¹ *Israelitisches Wochenblatt für die Schweiz* 35. Jg., Nr. 12 (22. März 1935), S. 11; D² *Mein blaues Klavier* ([Juni] 1943), S. 23 (u. d. T. *Ich liege wo am Wegrand*).

Kommentar: Der Gedichttitel enthält eine Reminiszenz an den Vers »Ich bin dein Wegrand« aus dem Gedicht *Höre!* (Nr. 57, V. 7), das sich an Gottfried Benn richtet (vgl. Erl. ebd.). – 11 *Ebenbild:* Vgl. Erl. zu *Abschied* (Nr. 75, V. 11).

87. Es kommt der Abend …

Drucke: D¹ *Die Ernte. Ein Sammelheft jüdischer Dichtung*, hrsg. von Adolf Chajes, […], Jerusalem: Manfred Rothschild, [November] 1936, S. 6; D² *Mein blaues Klavier* ([Juni] 1943), S. 19.

88. Ich weiß …

Drucke: D¹ *Die Ernte. Ein Sammelheft jüdischer Dichtung*, hrsg. von Adolf Chajes, […], Jerusalem: Manfred Rothschild, [November] 1936, S. 6; D² *Mein blaues Klavier* ([Juni] 1943), S. 27.

Kommentar: 10 *Mein Odem … Fluss:* vielleicht Anspielung auf die Genesis, der zufolge Gottes Geist zu Beginn der Schöpfung über dem Wasser schwebte (1 Mose 1,2). Auch schwingt hier die mythologische Vorstellung vom Grenzfluss zwischen Leben und Tod mit (Styx, Acheron u. a.).

89. Mein blaues Klavier

Drucke: D[1] *Neue Zürcher Zeitung* 158. Jg., Nr. 222 ([Zweite Sonntagausgabe] vom 7. Februar 1937), S. 5; D[2] *Mein blaues Klavier* (1943), S. 14.

Kommentar: Das Gedicht ist im Schweizer Exil vermutlich Anfang 1936 entstanden. Den Titel *Mein blaues Klavier* erwähnt ELS erstmalig in einem Brief an den befreundeten Schweizer Rechtsanwalt Emil Raas (zur Person vgl. Erl. zu *Jerusalem*, Nr. 93, V. 8 f.) vom 28. März 1936; sie hatte ihm vor längerer Zeit ein Manuskript des Gedichts mit dem Titel *Gedenken* geschickt: »Ich habe eine Bitte, ich habe das blaue Klavier verlegt; wenn Sie Zeit haben – nur dann, schreiben Sie es mir mit der Maschine ab« (KA 9, S. 320). – [Titel] *Mein blaues Klavier:* Der Titel lässt sich mit autobiographischen Notizen verbinden. So schreibt ELS in den *Tagebuchzeilen aus Zürich* (1937): »Ich besitze alle meine Spielsachen von früher noch, auch mein blaues Puppenklavier« (KA 4.1, S. 408; vgl. S. 384). In einem Prosaentwurf aus der letzten Lebensphase erinnert sie sich an dieses Spielzeuginstrument ihrer Kindheit: »Meine Freundin und ich aber gelüstete es meinen Papa auszuprobieren, und besorgten uns eine lange feine Nähnadel und ritzten unser blaues Klavier und paßten auf der Bank hinter ihren blauen Flügeln auf. Wir dachten nämlich an das blaue Klavier schon wie an einen Engel in der Stube preisend Stuben auf Erden. Mein Papa kam alsbald [...] singend zu unserm blauen Klavier und beschnuppelte es mit den Augen und Händen und entdeckte schließlich den Schaden mit einem Wehgeschrei das uns beide Max und Moritz geradezu erschütterte« (KA 4.1, S. 476). – Zur Bedeutung der Farbe Blau vgl. Erl. zu *Gebet* (Nr. 65, V. 8) sowie Braun (2010), S. 142 f. – 6 *Mondfrau ... Boote:* Die auf die Vorstellung einer weiblichen Gottheit verweisende Vokabel taucht bereits im Gedicht *Chronica* (Nr. 10, V. 16) auf; vgl. Braun (2010), S. 144 f. Im *Hebräerland* heißt es: »Vom Ende der Woche an nimmt er [der Mond] beträchtlich wieder ab, dann kann man einsteigen in seinen goldenen Kahn. Wagerecht fährt die Mondsichel in Palästina am Rand des Himmels entlang« (KA 5, S. 31). – 7 *Ratten:* Das Bild weckt Assoziationen an die antisemitische NS-Propaganda, in der Juden als Parasiten bzw. Ratten dargestellt wurden; vgl. Hallensleben (2000), S. 296. – 8 *Klaviatur:* Vgl.

den Epilog zum Sammelband *Mein blaues Klavier* (1943), der folgendermaßen beginnt: »Meine Dichtungen, deklamiert, verstimmen die Klaviatür meines Herzens« (KA 1, S. 303; ähnlich: KA 4.1, S. 487). – 11 *bitteren Brote:* Im Judentum wird am Sederabend, dem Vorabend zum Pessach-Fest, des Auszugs aus Ägypten gedacht und neben ungesäuertem Brot auch das Bitterkraut Maror (Meerrettich) als Zeichen der Bitterkeit des Exils gereicht. Hallensleben (2000) verweist auf einen Brief von Emil Raas an ELS vom 10. Dezember 1935: »Vorhin hörte ich im Radio Goebbels. Er hielt mit näselnder, heulender, begeisterter Stimme eine Pogromrede. Ein Giftbutterbrot aus Lüge« (Zit. S. 296 f.). – Die Formulierung vom »bitteren Brote« kann auch als Anspielung auf das göttliche Gebot nach dem Sündenfall gelesen werden: »Im Schweiße deines Angesichts sollst du dein Brot essen [...]« (1 Mose 3,19); vgl. den Psalm 80,5 f.: »HERR, Gott Zebaoth, wie lange willst du zürnen bei dem Gebet deines Volkes? Du speisest sie mit Tränenbrot [...].« – 12 *Himmelstür:* In der Genesis träumt Jakob von einer die Spitze des Himmels bzw. die Himmelspforte berührenden Leiter, auf der die Engel auf- und niedersteigen (1 Mose 12–17). – 13 *wider dem Verbote:* Im Deuteronomium gibt sich Gott als alleiniger Herr über Leben und Tod zu erkennen (5 Mose 32,39). – Vgl. zu dieser grammatisch falschen Fügung Nickel-Bacon (2018, S. 89).

90. (*Komm mit mir in das Cinema ...*)

Druck: D[1] *Das Hebräerland* ([Frühjahr] 1937), S. 44.

Kommentar: Das Gedicht wird im *Hebräerland* folgendermaßen eingeleitet: »Liebespaare beschauen sich am Pfeiler des Cinemas: Zion [in Jerusalem], die bunten abenteuerlichen Plakate. Cinema ist auch meine Schwäche; möge sie nie erstarken!« (KA 5, S. 42) ELS war zeitlebens am Medium Film sehr interessiert und – wie viele Briefzeugnisse belegen – eine eifrige Kinogängerin, auch noch im Exil in der Schweiz und in Palästina. So bezeichnet sie sich im *Hebräerland* als »Kinoniterin« (KA 5, S. 54). Zu der vor dem Ersten Weltkrieg entstandenen Sammlung von »Kinodramen« steuerte sie eine *Morgenländische Komödie* mit dem Titel *Plumm-Pascha* bei (*Das Kinobuch*, Leipzig: Kurt Wolff, 1914 [erschienen Herbst 1913]; KA 3.1, S. 368–371). Vgl. auch den Essay *Wenn mein Herz gesund wär – Kinematographisches* (April 1912; KA 3.1, S. 265–268).

91. Über glitzernden Kies

Drucke: D[1] *Orient. Unabhängige Wochenschrift* (Haifa) 3. Jg. [= 1. Jg.], Nr. 34/35 (4. Dezember 1942), S. 20; D[2] *Mein blaues Klavier* ([Juni] 1943), S. 16.

Kommentar: Eine handschriftliche Fassung des Gedichts widmete ELS Werner Kraft (1896–1991), dem befreundeten Literaturwissenschaftler, Bibliothekar und Schriftsteller. In ihren letzten Lebensjahren kam es zu zahlreichen Begegnungen mit ihm, u. a. im Rahmen der 1941 von ELS gegründeten Vortragsvereinigung »Der Kraal«. – 4 *Wo soll ich hin?:* Die gleiche Frage, die als intertextuelle Hölderlin-Referenz entschlüsselt werden kann, findet sich in dem Gedicht *Die Verscheuchte*; vgl. Erl. zu Nr. 85, V. 10. – 5 *Mutter mein:* Auf ihre Mutter Jeanette Schüler bezieht sich ELS in vielen Gedichten, auch aus der Exilzeit. – 6 *unser Garten:* In der autobiographischen Erzählung über *Unser Gärtchen* (1925) findet sich ebenfalls das Motiv vom »glitzernde[n] Kies« (KA 4.1, S. 89). – 16 f. *keine Schwestern … keine Brüder:* ELSs ältere Schwestern Martha (1862–1917) und Annemarie/Anna (1863–1912) lebten seit längerer Zeit nicht mehr, und von ihren Brüdern waren zuerst Paul Carl (1861–1882), dann Maximilian Moritz (1859–1907) und zuletzt Alfred Jacob (1858–1938) verstorben. Vgl. Erl. zu *Chronica* (Nr. 10).

92. Mein Liebeslied (*In meinem Schoße …*)

Drucke: D[1] *Orient. Unabhängige Wochenschrift* (Haifa) 3. Jg. [= 1. Jg.], Nr. 36 (11. Dezember 1942), S. 8; D[2] *Mein blaues Klavier* ([Juni] 1943), S. 39 (u. d. T. *In meinem Schosse*).

Kommentar: Das Gedicht ist in dem Band *Mein blaues Klavier* in den Ernst Simon (1899–1988) gewidmeten 2. Teil, überschrieben *An Ihn*, eingeordnet; der Zyklus besteht aus zwölf Gedichten. Der gebürtige Berliner unterrichtete ab 1935 zunächst am Jerusalemer Lehrerseminar und der Volkshochschule, später an der Hebräischen Universität. ELS entwickelte eine schwärmerische Verehrung für den Pädagogen, Religions- und Kulturphilosophen, der in ihren letzten Lebensjahren zu einem der wichtigsten Ansprechpartner wurde. Der aus weit über hundert Briefen bestehende Briefwechsel der beiden »bewegt sich auf einem ungleich höheren intellektuellen Niveau als alle anderen überlieferten Korrespondenzen« (Bauschinger, 2004, S. 418; vgl. ebd., S. 433 ff.). – 10 *Es rauscht … Geiers:* Vgl. zu diesem »emblematischen«, auf die Sphäre von Kunst und Poesie bezogenen und als individuelle Variante des Pegasus lesbaren Bild den Aufsatz von Horch (2000). Er verweist auf die rahmenden Passagen im *Hebräerland*, in denen der Geier ebenfalls positiv konnotiert ist und »für eine gottgegebene urwüchsige Produktivkraft des Menschen [steht], die sich in der Fortpflanzung des Geschlechts und damit der Schöpfung ebenso manifestiert wie in künstlerischer Genialität« (S. 5). Vgl. auch das Kap. »Der Geier als Sinnbild des Transfers – Schauplätze« bei Graf (2009, S. 99 ff.) sowie die Erl. zu *Sterne des Tartaros* (Nr. 17, V. 4: »Geyerschwingen«).

93. Jerusalem

Druck: D[1] *Mein blaues Klavier* ([Juni] 1943), S. 11.

Kommentar: [Titel] *Gott baute … Knochen:* Der Untertitel spielt auf die Genesis an, der zufolge Eva aus einer Rippe Adams erschaffen wurde; vgl. 1 Mose 2,22 f. – 2 *Heilige Stadt:* Vgl. die detaillierten Schilderungen der Stadt Jerusalem im *Hebräerland* (1937), in dem die Eindrücke der ersten Palästina-Reise verarbeitet sind. Dort schreibt ELS zu Beginn: »Gott hat Jerusalem lieb. […] Er hat diese ewige Stadt der Städte erwählt. […] Jerusalem ist die Sternwarte des Jenseits, der Vorhimmel des Himmels. In dieser himmlischen Schöpfung wurde der erste Tempel gebaut« (KA 5, S. 12). – 8 f. *Wenn du … Alpenmantel:* Die Verse beziehen sich vermutlich auf ELSs Schweizer Gönner, den Rechtsanwalt Emil Raas (1910–1993), der zu den großen Bewunderern ihrer Dichtungen gehörte. Als Vizepräsident der jüdischen Studentengruppe »Union Bern« hatte Raas eine Lesung in Bern Anfang November 1933 eingeführt, und aus diesem Kontakt entstand eine langjährige Freundschaft, die sich in einer umfangreichen Korrespondenz niederschlug. Nach seinem juristischen Staatsexamen 1934 gründete Raas mit Georges Brunschvig (1908–1973) eine Anwaltskanzlei in Bern. Als Rechtsanwalt war er bemüht, für ELS nach ihrer Flucht aus Deutschland ein dauerhaftes Bleiberecht in der Schweiz zu erlangen. – 21 *Grünende Hände:* vermutlich Anspielung auf »die Kolonisten, die hebräischen Bauern und ihre tapferen Bäuerinnen«, wie sie im *Hebräerland* (1937) mehrfach geschildert werden (KA 5, S. 33).

94. Mein Herz ruht müde

Druck: D[1] *Mein blaues Klavier* ([Juni] 1943), S. 30.

Kommentar: 4 *Etüde:* musikalisches Übungsstück. – 7 *vollbracht:* Anspielung auf Jesu Worte am Kreuz: »Es ist vollbracht« (Mt 27,50). – 9 *Psalm:* Ein Psalm (von griech. ψαλμός/*psalmós* ›Saitenspiel‹) ist in jüdischer und christlicher Tradition ein poetischer religiöser Text, der – oft in rituellen und liturgischen Zusammenhängen – als Gebet gelesen wird, z. B. bei Trauerfeiern.

95. Ein Liebeslied

Druck: D[1] *Mein blaues Klavier* ([Juni] 1943), S. 36.

Kommentar: Das Gedicht gehört zum Zyklus der *An Ihn*, d. h. an Ernst Simon gerichteten lyrischen Texte; vgl. Erl. zu *Mein Liebeslied* (Nr. 92). – 6 *Immortellen:* Name für gelbe Strohblumen, abgeleitet von frz. *immortel* ›unsterblich‹. Immortellen dienen häufig als Grabschmuck. – 7 *Siebensternenschuhen:* Der Neologismus ist dem Märchenmotiv der »Siebenmeilenstiefel« nachgebildet, das sich in verschiedenen Erzählungen findet, u. a. in Ludwig Bechsteins Märchen *Der kleine Däumling* (nach Charles Perrault) und in *Peter Schlehmihls wundersamer Geschichte* von Adelbert von Chamisso. – Ferner sind biblische Konnotationen enthalten; vgl. die Offenbarung des Johannes bzw. Apokalypse (1,20): »Das Geheimnis der sieben Sterne, die du gesehen hast in meiner rechten Hand, und die sieben goldenen Leuchter: die sieben Sterne sind Engel der sieben Gemeinden; und die sieben Leuchter, die du gesehen hast, sind sieben Gemeinden.« – 11 *Rohre:* hier: Schilfrohre.

96. Ich säume liebentlang

Druck: D[1] *Mein blaues Klavier* ([Juni] 1943), S. 42.

Kommentar: Das Gedicht gehört wie das vorige zum Zyklus der *An Ihn*, d. h. an Ernst Simon gerichteten lyrischen Texte; vgl. Erl. zu *Mein Liebeslied* (Nr. 92).

97. An Apollon

Druck: D[1] *Mein blaues Klavier* ([Juni] 1943), S. 43.

Kommentar: Mit diesem Gedicht endet der Zyklus der *An Ihn*, d. h. an Ernst Simon gerichteten lyrischen Texte; vgl. Erl. zu *Mein Liebeslied* (Nr. 92). – [Titel] *Apollon:* Apoll/Apollon war einer der Beinamen für Ernst Simon. Vgl. Erl. zu *Orgie* (Nr. 13, V. 3). – 7 *blauen Tasten:* Vgl. Erl. zu *Mein blaues Klavier* (Nr. 89). – 14 *Granates:* Granate sind transparente Mineralien, die schon im Mittelalter als Schmucksteine genutzt wurden. Etymologisch leitet sich die Bezeichnung von lat. *granum* ›Korn, Kern‹ bzw. *granatus* ›körnig, kernreich‹ her. Die Ähnlichkeit mit dem Granatapfel (vgl. Erl. zu *Die schwarze Bhowanéh*, Nr. 5, V. 8) beruht neben der roten Farbe vor allem auf dem Vorkommen des Minerals in Körnern. – Der Gedichtband *Mein blaues Klavier* schließt mit einem Prosa-Epilog (*An mich*, S. 45):

»Meine Dichtungen, deklamiert, verstimmen die Klaviatür meines Herzens. Wenn es noch Kinder wären, die auf meinen Reimen tastend meinetwegen klimperten. (Bitte nicht weitersagen!) ich sitze noch heute sitzengeblieben auf der untersten Bank der Schulklasse, wie einst ... Doch mit spätem versunkenen Herzen: 1000 und 2-jährig, dem Märchen über den Kopf gewachsen.

Ich schweife umher! Mein Kopf fliegt fort wie ein Vogel, liebe Mutter. Meine Freiheit soll mir niemand rauben, – sterb ich am Wegrand wo, liebe Mutter, kommst du und trägst mich hinauf zum blauen Himmel. Ich weiß, dich rührte mein einsames Schweben und das spielende Ticktack meines und meines teuren Kindes Herzen.«

98. Ich schlafe in der Nacht –

Überlieferung: H[1] The Jewish National and University Library Jerusalem, ELS-Archiv (Arc. Ms. Var. 501; 2:94).

Drucke: D[1] ELS, *Verse und Prosa aus dem Nachlaß*, hrsg. von Werner Kraft (1961), S. 123 = Textgrundlage; D[2] KA 1.1, S. 356 (abweichende Vers- und Strophengliederung).

99. (*Meine Freiheit* ...)

Überlieferung: H[1] The Jewish National and University Library Jerusalem, ELS-Archiv (Arc. Ms. Var. 501; 2:141).

Drucke: D[1] ELS, *Verse und Prosa aus dem Nachlaß*, hrsg. von Werner Kraft (1961), S. 130 = Textgrundlage; D[2] KA 1.1, S. 366 (abweichende Vers- und Strophengliederung).

Kommentar: Das Gedicht weist einige Parallelen auf zum Prosa-Epilog am Ende des Sammelbandes *Mein blaues Klavier* (1943); der *An mich* überschriebene Text wird zitiert in den Erl. zu *An Apollon* (Nr. 97). – 3 *Wegrand:* Die Metapher findet sich auch in den Gedichten *Höre!* (Nr. 57, V. 7) und *Ich liege wo am Wegrand übermattet* (Nr. 86).

100. Mein Sterbelied (*Bin welk und mürbe …*)

Überlieferung: H[1] The Jewish National and University Library Jerusalem, ELS-Archiv (Arc. Ms. Var. 501; 2:110).

Drucke: D[1] ELS, *Der Antisemitismus,* hrsg. von Hans Tramer, in: MB. *Mitteilungsblatt Irgun Olej Merkas Europa* 28. Jg., Nr. 15/16 (8. April 1960), S. 10 f.; D[2] ELS, *Verse und Prosa aus dem Nachlaß,* hrsg. von Werner Kraft (1961), S. 72 = Textgrundlage; D[3] KA 1.1, S. 374 f. (leicht abweichende Fassung).

Kommentar: Das Gedicht ist integriert in den Essay *Der Antisemitismus,* der zu ELSs letzten Texten gehört, und wird folgendermaßen eingeführt: »Ich erzaehlte noch gestern von dieser besonderen Zeit [mit Peter Hille] einem Bekannten [Gerson Stern; 1874–1956], mir gegenueber sitzend, im heimatlichen Cafehaus Sichel. Sind wir doch beide Kinder derselben Stadt, und die singt ein Lied, begegnen sich zwei ihrer Kinder. Bildete mir doch eine kurze Zeit schon ein, dennoch das Ende erreicht zu haben (wenn auch nur auf dem Papier) seines Romans: *Weg ohne Ende* [Berlin 1934] und hinterliess einem Jemanden hier, den ich liebte, meine letzten Worte:« (KA 4.1, S. 500).

Literaturhinweise

Einzelausgaben (chronologisch)

Styx. Gedichte. Berlin: Axel Juncker, 1902 [erschienen Ende 1901].

Der siebente Tag. Gedichte. Berlin: Verlag des Vereins für Kunst, [Anfang] 1905.

Das Peter Hille-Buch. Stuttgart/Berlin: Axel Juncker, 1906. – 2. Aufl. Mit einer Einbandzeichnung der Verfasserin. Berlin: Paul Cassirer, 1919. – 3. Aufl. Ebd.

Die Nächte Tino von Bagdads. Berlin/Stuttgart/Leipzig: Axel Juncker, 1907. – 2. Aufl. u. d. T.: Die Nächte der Tino von Bagdad. Mit einer Einbandzeichnung der Verfasserin. Berlin: Paul Cassirer, 1919.

Die Wupper. Berlin: Oesterheld, 1909. – 2., verb. Aufl. Berlin: Paul Cassirer, 1919.

Meine Wunder. Karlsruhe/Leipzig: Dreililien-Verlag, [Anfang April] 1911.

Mein Herz. Ein Liebesroman mit Bildern und wirklich lebenden Menschen. München/Berlin: Heinrich F. S. Bachmair, 1912. – 2. Aufl. Berlin: Paul Cassirer, 1920.

Hebräische Balladen. Berlin-Wilmersdorf: A. R. Meyer, 1913 [erschienen Ende 1912]. – 2., verm. Aufl. Ebd. 1914. – 3. Aufl. Berlin: Paul Cassirer, 1920.

Gesichte. Essays und andere Geschichten. Leipzig: Kurt Wolff, [Mai] 1913 / Leipzig: Verlag der Weißen Bücher, 1914. – 2. Aufl. Mit einer Einbandzeichnung der Verfasserin. Berlin: Paul Cassirer, 1920.

Der Prinz von Theben. Ein Geschichtenbuch. Mit 25 Abbildungen nach Zeichnungen der Verfasserin und 3 farbigen Bildern von Franz Marc. Leipzig: Verlag der Weißen Bücher, 1914. – 2. Aufl. Berlin: Paul Cassirer, 1920.

Die gesammelten Gedichte. Leipzig: Verlag der Weißen Bücher, [Sommer] 1917. – 2. Aufl. Leipzig: Kurt Wolff, [1919]. – 3. Aufl. ebd. 1920. [Vgl. die Aufstellung der jeweils enthaltenen Gedichte in KA 1.2, S. 22–38.]

Der Malik. Eine Kaisergeschichte. Mit Bildern und Zeichnungen von der Else Lasker-Schüler. Berlin: Paul Cassirer, 1919.

Die Kuppel. Der Gedichte zweiter Teil. Berlin: Paul Cassirer, 1920.

Der Wunderrabbiner von Barcelona. Berlin: Paul Cassirer, 1921.
Theben. Gedichte und Lithographien. Frankfurt a. M. / Berlin: Querschnitt-Verlag, 1923.
Ich räume auf! Meine Anklage gegen meine Verleger. Zürich: Lago-Verlag, 1925.
Konzert. Berlin: Rowohlt, [Frühjahr] 1932.
Arthur Aronymus. Die Geschichte meines Vaters. Berlin: Rowohlt, 1932.
Das Hebräerland. Zürich: Oprecht, [Frühjahr] 1937.
Mein blaues Klavier. Neue Gedichte. Jerusalem: Jerusalem Press Ltd., [Juni] 1943. – *Die Sammlung erschien mit der Widmung:* »Meinen unvergeßlichen Freunden und Freundinnen in den Städten Deutschlands – und denen, die wie ich vertrieben und nun zerstreut in der Welt, In Treue!«

Werkausgaben (chronologisch)

ELS: Gesammelte Werke in drei Bänden. Hrsg. von Friedhelm Kemp. München: Kösel, 1959 ff.
- Bd. 1: Gedichte. 1959/[2]1961.
- Bd. 2: Prosa und Schauspiele. 1962.
- Bd. 3: Verse und Prosa aus dem Nachlaß. Hrsg. von Werner Kraft. 1961.

ELS: Sämtliche Gedichte. Hrsg. von Friedhelm Kemp. München: Kösel, 1966 [u. ö.].
ELS: Werke und Briefe. Kritische Ausgabe. Im Auftrag des Franz-Rosenzweig-Zentrums der Hebräischen Universität Jerusalem, der Bergischen Universität Wuppertal und des Deutschen Literaturarchivs Marbach am Neckar hrsg. von Norbert Oellers, Heinz Rölleke und Itta Shedletzky. Frankfurt a. M.: Jüdischer Verlag, 1996 ff.
- Bd. 1.1: Gedichte; Bd. 1.2: Gedichte. Anmerkungen. Bearb. von Karl Jürgen Skrodzki unter Mitarbeit von Norbert Oellers. 1996.
- Bd. 2: Dramen. Bearb. von Georg-Michael Schulz. 1997.
- Bd. 3.1: Prosa. 1903–1920; Bd. 3.2.: Anmerkungen. Bearb. von Ricarda Dick. 1998.

– Bd. 4.1: Prosa. 1921–1945. Nachgelassene Schriften; Bd. 4.2: Anmerkungen. Bearb. von Karl Jürgen Skrodzki und Itta Shedletzky. 2001.
– Bd. 5: Prosa. Das Hebräerland. Bearb. von Karl Jürgen Skrodzki und Itta Shedletzky. 2002.
– Bd. 6: Briefe. 1893–1913. Bearb. von Ulrike Marquardt. 2003.
– Bd. 7: Briefe. 1914–1924. Bearb. von Karl Jürgen Skrodzki. 2004.
– Bd. 8: Briefe. 1925–1933. Bearb. von Sigrid Bauschinger. 2005.
– Bd. 9: Briefe. 1933–1936. Bearb. von Karl Jürgen Skrodzki. 2008.
– Bd. 10: Briefe. 1937–1940. Bearb. von Karl Jürgen Skrodzki und Andreas B. Kilcher. 2009.
– Bd. 11: Briefe. 1941–1945. Nachträge. Bearb. von Karl Jürgen Skrodzki und Andreas B. Kilcher. Berlin 2010.

ELS: Die Gedichte. Hrsg. und komm. von Gabriele Sander. Stuttgart: Reclam, 2016. – Aktual. Neuaufl. als Taschenbuch: Stuttgart: Reclam, 2020.

Weitere Referenzausgaben und Dokumentationen

ELS: Die Bilder. Hrsg. von Ricarda Dick im Auftrag des Jüdischen Museums Frankfurt am Main. Frankfurt a. M. 2010.

ELS: Dichtungen und Dokumente. Gedichte, Prosa, Schauspiele, Briefe, Zeugnis und Erinnerung. Ausgew. und hrsg. von Ernst Ginsberg. München 1951.

ELS / Franz Marc: Mein lieber, wundervoller blauer Reiter. Privater Briefwechsel. Hrsg. von Ulrike Marquardt und Heinz Rölleke. Düsseldorf/Zürich 1998.

ELS / Franz Marc. Eine Freundschaft in Briefen und Bildern. Mit sämtlichen privaten und literarischen Briefen. Hrsg. von Ricarda Dick. München [u. a.] 2012.

ELS: Gedichtbuch für Hugo May. Faksimile-Edition. Im Auftrag der Deutschen Akademie für Sprache und Dichtung hrsg. von Andreas Kilcher und Karl Jürgen Skrodzki. 2 Bde. Göttingen 2019.

ELS: »Prinz Jussuf von Theben« und die Avantgarde. Hrsg. von Antje

Birthälmer. [= Ausstellungskatalog.] Von der Heydt-Museum. Wuppertal 2019.
Gödden, Walter / Kienecker, Michael (Hrsg.): Prophet und Prinzessin – Peter Hille und Else Lasker-Schüler. Mit Berichten aus der Werkstatt der Peter-Hille-Forschungsstelle. Bielefeld 2006. (Veröffentlichungen der Literaturkommission für Westfalen. Bd. 19).
Klüsener, Erika / Pfäfflin, Friedrich (Bearb.): ELS 1869–1945. Marbach a. N. 1995. (Marbacher Magazin. Bd. 71.)
Oellers, Norbert (Hrsg.): *Hebräische Balladen* in der Handschrift von Else Lasker-Schüler [Faks.-Ausg.]. Frankfurt a. M. 2000.
Rühle, Günther: Theater in Deutschland 1887–1945. Seine Ereignisse – seine Menschen. Frankfurt a. M. 2007.
Schrader, Ulrike (Hrsg.): Verzauberte Heimat. ELS und Wuppertal. Wuppertal 2019.

Forschungsliteratur (Auswahl)

Arnold, Heinz Ludwig (Hrsg.): ELS. München 1994. (Text und Kritik. 122.)
Battegay, Caspar: »Wie ein heimlicher Brunnen / Murmelt mein Blut«. Das Gedächtnis des Bluts in ELSs früher Lyrik. In: Naturgeschichte, Körpergedächtnis. Erkundungen einer kulturanthropologischen Denkfigur. Hrsg. von Andrea Bartl und Hans-Joachim Schott. Würzburg 2014. S. 117–134.
Bauschinger, Sigrid: ELS. Biographie. Göttingen 2004.
Behr, Shulamith: Performing the Wo/man. The »Interplay« between Marianne Werefkin and ELS. In: Marianne Werefkin and the Women Artists in Her Circle. Hrsg. von Tanja Malycheva und Isabel Wünsche. Leiden 2017. S. 92–105.
Bellenberg, Karl: ELS, ihre Lyrik und ihre Komponisten. Berlin 2019.
Benthien, Claudia: ELS – *Meine Wunder* (1911). In: Meisterwerke. Deutschsprachige Autorinnen im 20. Jahrhundert. Hrsg. von Claudia Benthien und Inge Stephan. Köln [u. a.] 2005. S. 232–257. [U. a. zu *Mein Liebeslied* (Nr. 41), *Leise sagen –* (Nr. 44) und *Ein alter Tibetteppich* (Nr. 47).]

Bluhm, Lothar: »Karl Kraus, der Dalai-Lama in Wien«. Genese und Poetologie eines Kunstnamens bei ELS. In: ELS-Jahrbuch zur Klassischen Moderne 2 (2003) S. 86–101.

– »Ruth sucht überall«. ELSs mnemosynetisches Gedicht *Boas*. In: ELS-Jahrbuch zur Klassischen Moderne 4 (2009) S. 19–26.

– *Ruth* – Ein intertextuelles Spiel um ›Fremdsein‹ und ›Heimat‹. In: Lermen/Motté (2010), S. 41–50.

Bodenheimer, Alfred: Die auferlegte Heimat. ELSs Emigration in Palästina. Tübingen 1995.

Brandt, Marion: Chaos, Kosmos und Konzert. Zum Erlösungsmotiv im Werk ELSs. In: Krieg und Nachkrieg. Konfigurationen der deutschsprachigen Literatur (1940–1965). Hrsg. von Hania Siebenpfeiffer und Ute Wölfel. Berlin 2004. S. 183–198.

Braun, Michael: *Mein blaues Klavier* – Dichten »wider dem Verbote«. In: Lermen/Motté (2010), S. 137–147.

Braungart, Wolfgang: *Höre!* – Höre! – Fühlst du nicht? In: Lermen/Motté (2010), S. 98–111.

Brogi, Susanna: ELS, *Mein blaues Klavier* (1943). In: Die deutsche Exilliteratur 1933 bis 1945. Perspektiven und Deutungen. Hrsg. von Sonja Klein und Sikander Singh. Darmstadt 2015. S. 174–185.

Daffner, Carola: Zwischen gestern und morgen. Der poetische Dialog von ELS, Gertrud Kolmar und Nelly Sachs. In: Geschlechterbilder im Wandel? Das Werk deutschsprachiger Schriftstellerinnen 1894–1945. Hrsg. von Sarah Guddat und Sabine Hastedt. Frankfurt a. M. [u. a.] 2011. S. 365–383.

Dane, Gesa: Schreiben im Krieg – ELS. In: Kriegstaumel und Pazifismus. Jüdische Intellektuelle im Ersten Weltkrieg. Hrsg. von Hans Richard Brittnacher und Irmela von der Lühe. Frankfurt a. M. 2016. S. 381–390.

Di Rosa, Valentina: »Begraben sind die Bibeljahre längst«. Diaspora und Identitätssuche im poetischen Entwurf ELSs. Paderborn 2006.

Dick, Ricarda: *Heimweh* – Vom Sprechen zur Melodie. In: Lermen/Motté (2010), S. 64–74.

Ehlers, Swantje: Ein Spiel von Form und Inhalt. Zu ELSs *Ein alter Tibetteppich*. In: Gedichte und Interpretationen. Bd. 5. Hrsg. von Harald Hartung. Stuttgart 1983. S. 108–117.

Fähnders, Walter: ELS und »Senna Hoy«. In: Meine Träume fallen in die Welt. Hrsg. von Sarah Kirsch, Jürgen Serke und Hajo Jahn. Wuppertal 1995. (ELS-Almanach. Bd. 2.) S. 55–77.

Feßmann, Meike: Spielfiguren. Die Ich-Figurationen ELSs als Spiel mit der Autorrolle. Ein Beitrag zur Poetologie des modernen Autors. Stuttgart 1992.

Frank, Ulrike: Selbst ein Gedicht: Die Dichtungsauffassung ELSs in ihrer Affintät zur Poetik des Clemens Brentano. In: Deine Sehnsucht war die Schlange. Hrsg. von Anne Linsel und Peter von Matt. Wuppertal 1997. (ELS-Almanach. Bd. 3.) S. 87–121.

Frickel, Daniela Anna: *Weltende* – Das Ende der Welt als Aufgang zum Paradies. In: Lermen/Motté (2010), S. 31–40.

Graf, Sabine: Poetik des Transfers. *Das Hebräerland* von ELS. Köln [u. a.] 2009.

Grossmann, Uta: Fremdheit im Leben und in der Prosa ELSs. Hamburg 2001. Ebd. [2]2011.

Hahn, Barbara: Rahel. Esther. Ruth. Zu Gedichten von ELS und Gottfried Benn. In: Mythenkorrekturen. Zu einer paradoxalen Form der Mythenrezeption. Hrsg. von Martin Vöhler und Bernd Seidensticker [...]. Berlin / New York 2005. S. 279–295.

– The Politics of Dedication: ELS's Poems. In: Modern Language Notes 132 (2017) Nr. 3 (April). S. 720–733.

Hallensleben, Markus: ELS. Avantgardismus und Kunstinszenierung. Tübingen/Basel 2000.

Hammer, Almuth: Erwählung erinnern: Literatur als Medium jüdischen Selbstverständnisses. Mit Fallstudien zu ELS und Joseph Roth. Göttingen 2004.

Heck, Stephanie Bettina: »Und weckte doch in deinem ewigen Hauche nicht den Tag«. Prophetie im Werk ELSs. Frankfurt a. M. [u. a.] 1996.

Hedgepeth, Sonja M.: »Überall blicke ich nach einem heimatlichen Boden aus«. Exil im Werk ELSs. New York [u. a.] 1994.

Henneke-Weischer, Andrea: Poetisches Judentum. Die Bibel im Werk ELSs. Mainz 2003.

Hermann, Iris: Raum – Körper – Schrift. Mythopoetische Verfahrensweisen in der Prosa ELSs. Hamburg 2009.

Hessing, Jakob: ELS. Biographie einer deutsch-jüdischen Dichterin. Karlsruhe 1985.

– Zurückgenommene Schöpfung. Über das Gedicht *Die Verscheuchte.* In: Meine Träume fallen in die Welt. Hrsg. von Sarah Kirsch, Jürgen Serke und Hajo Jahn. Wuppertal 1995 (ELS-Almanach. Bd. 2.) S. 179–182.

Hoffmann, Dierk / Reinthal, Angela: Wo ist unser buntes Theben. ELS und Paul Leppin. In: ELS-Jahrbuch zur Klassischen Moderne 2 (2003) S. 102–122.

Horch, Hans Otto: »Es rauscht der Flügel des Geiers«. Zu einem emblematischen Bild bei ELS [in: *Mein Liebeslied*, Nr. 92]. In: ELS-Jahrbuch zur Klassischen Moderne 1 (2000) S. 1–8.

Hummel, Christine: »Von Sternen sind wir eingerahmt und flüchten aus der Welt.« Heimat, Weltflucht und Exil ELSs. In: Exil ohne Rückkehr. Literatur als Medium der Akkulturation nach 1933. Hrsg. von Sabina Becker und Robert Krause. München 2010. S. 57–90.

Jahraus, Oliver: *Jerusalem.* Stadthaftigkeit von Geschichte, Religion und Exilerfahrung. In: Lermen/Motté (2010), S. 148–160.

Kilcher, Andreas: ELSs *Nervus Erotis* und die Erotisierung der Literatur um 1900. In: Lermen/Motté (2010), S. 16–30.

Kirschner, Mechthild: Die Metaphorisierung des vegetativen Lebensbereiches in der frühen Lyrik ELSs und Georg Trakls. Frankfurt a. M. [u. a.] 1990.

Kirschnik, Sylke: Tausend und ein Zeichen. ELSs Orient und die Berliner Alltags- und Populärkultur um 1900. Würzburg 2007.

Klaue, Magnus: Vom Cherubin zur Vogelscheuche. Figurationen des Vagabundentums im Werk von ELS. In: Unterwegs. Zur Poetik des Vagabundentums im 20. Jahrhundert. Hrsg. von Hans Richard Brittnacher und Magnus Klaue. Köln 2008. S. 89–108.

– Poetischer Enthusiasmus. ELSs Ästhetik der Kolportage. Köln [u. a.] 2011.

Kocher, Ursula: ELS (1869–1945): *Weltende.* In: Deutsche Lyrik in 30 Beispielen. Hrsg. von Andrea Geier und Jochen Strobel. Paderborn 2011. S. 178–186.

Körner, Birgit M.: *Hebräische* Avantgarde. ELSs Poetologie im Kontext des Kulturzionismus. Köln [u. a.] 2017.

Kohl, Katrin: Friendship, Love and Loss in the Poetry of ELS (1869–1945). In: Oxford German Studies 42 (2013) H. 1. S. 3–22.
Korte, Hermann: »Mitten in mein Herz«. ELSs Widmungsgedichte. In: ELS. Hrsg. von Jakob Hessing und Axel Ruckaberle. München 1994. (Text und Kritik. 122.) S. 18–41.
Krug, Marina: Die Figur als signifikante Spur. Eine dekonstruktive Lektüre zu den Gedichten *Esther* sowie *David und Jonathan* aus dem Zyklus *Hebräische Balladen* von ELS. Frankfurt a. M. [u. a.] 2000.
Leipelt-Tsai, Monika: Aggression in lyrischer Dichtung. Georg Heym – Gottfried Benn – ELS. Bielefeld 2008.
Lermen, Birgit: Auf der Suche nach einer neuen Sprache. ELSs Gedicht *Weltflucht*. In: ELS-Jahrbuch zur Klassischen Moderne 4 (2009) S. 9–17.
– *Mein Volk* – Zu ELSs spannungsvoller Verbundenheit mit ihrem Volk. In: Lermen/Motté (2010), S. 51–63.
– / Motté, Magda (Hrsg.): Interpretationen. Gedichte von ELS. Stuttgart: Reclam, 2010. (Reclams Universal-Bibliothek. 17535.)
Leuenberger, Stefanie: Schrift-Raum Jerusalem. Identitätsdiskurse im Werk deutsch-jüdischer Autoren. Köln [u. a.] 2007.
Liska, Vivian: Biblische Frauen in der Lyrik ELSs. In: ELS-Jahrbuch zur Klassischen Moderne 1 (2000) S. 36–54.
– Die wilden Jüdinnen. Biblische Frauen in der Lyrik ELSs. In: Liebender Streit. ELS und Gottfried Benn. Hrsg. von Dieter Burdorf. Iserlohn 2002. S. 36–58.
– Fremde Gemeinschaft. Deutsch-jüdische Literatur der Moderne. Göttingen 2011. [Zu ELS: S. 92–129.]
Lörke, Tim: Erotische Versöhnung? ELS, ein fiktiver und ein realer Gottfried Benn und der Traum vom gelingenden Kulturkontakt. In: Von den Rändern der Moderne. Studien zur deutschsprachigen Literatur zwischen Jahrhundertwende und Zweitem Weltkrieg. Festschrift für Peter Sprengel zum 65. Geburtstag. Hrsg. von Tim Lörke, Gregor Streim und Robert Walter-Jochum. Würzburg 2014. S. 457–477.
Lorenz, Dagmar C. G.: *Mein blaues Klavier* – Die Exildichtungen ELSs. In: Exil. Wirkung und Wertung. Ausgewählte Beiträge zum 5. Symposium über deutsche und österreichische Exilliteratur. Hrsg. von Donald G. Daviau [u. a.]. Columbia (SC) 1985. S. 185–193.

Marx, Friedhelm: *Pharao und Joseph* – Kunst, Liebe, jüdische Identität. In: Lermen/Motté (2010), S. 75–86.

Meier, Andreas: Poetischer Magnetismus. ELS und Gottfried Benn. In: ELS-Jahrbuch zur Klassischen Moderne 1 (2000) S. 167–179.

– »Rindenherb« und »hindusanft«. ELS und Ernst Toller. In: ELS-Jahrbuch zur Klassischen Moderne 2 (2003) S. 123–137.

Motté, Magda: *Hagar und Jsmaël* – »Ein einziger Mensch ist oft ein ganzes Volk«. In: Lermen/Motté (2010), S. 112–123.

Nickel-Bacon, Irmgard: Poesie gegen Gewalt. Komplexität und Mehrdeutigkeit in ELSs Gedicht *Mein blaues Klavier.* In: Ästhetische Erfahrung mit Literatur. Textseitige Potenziale, rezeptionsseitige Prozesse, didaktische Schlussfolgerungen. Hrsg. von Irmgard Nickel-Bacon. München 2018. S. 87–100.

Oellers, Norbert: *Die Verscheuchte* – Verlorene Heimat, zerstörte Liebe. In: Lermen/Motté (2010), S. 124–136.

Radde, Christine: ELSs *Hebräische Balladen.* Trier 1998.

– »Strahl in Strahl«. ELSs Gedicht *Ein alter Tibetteppich.* In: ELS-Jahrbuch zur Klassischen Moderne 1 (2000) S. 55–78.

Rölleke, Heinz: ELSs Gedichte aus der Zeit ihrer Begegnung mit Benn. In: Liebender Streit. ELS und Gottfried Benn. Hrsg. von Dieter Burdorf. Iserlohn 2002. S. 15–35.

Sander, Gabriele: *Versöhnung* – Erotische Wunschprojektion und poetologisch-religiöses Bekenntnis. In: Lermen/Motté (2010), S. 87–97.

– / Chihaia, Matei: ELSs *Hebräische Balladen* und Marcel Prousts *À la recherche du temps perdu* – Poetik und Religion an der Epochenschwelle. In: Marcel Proust – Gattungsgrenzen und Epochenschwelle. Hrsg. von Matei Chihaia und Ursula Hennigfeld. Paderborn 2014. S. 159–181.

Schulte, Birgit: Spiel mit der Schöpfung. ELSs Gedichte an Milly Steger und Marianne von Werefkin. In: Deine Sehnsucht war die Schlange. Hrsg. von Anne Linsel und Peter von Matt. Wuppertal 1997. (ELS-Almanach. Bd. 3.) S. 23–51.

– »Die Grenzen des Frauseins aufheben …« – Milly Stegers androgyne Selbstinszenierung im Spiegel eines poetischen Portraits von ELS. In: Die Grenzen des Frauseins aufheben. Die Bildhauerin Milly Steger

1881–1941. [Katalog] Hrsg. von Birgit Schulte […]. Hagen 1998. S. 91–103.

Skrodzki, Karl-Jürgen: »[…] die stärkste und unwegsamste lyrische Erscheinung«. Stationen der Lyrik ELSs. In: Zeitschrift für Deutsche Philologie 115 (1996) Sonderheft. S. 156–168.

Sprengel, Peter: Geschichte der deutschsprachigen Literatur 1900–1918. Von der Jahrhundertwende bis zum Ende des Ersten Weltkriegs. München 2004.

Valencia, Heather: ELS und Abraham Nochem Stenzel. Eine unbekannte Freundschaft. Mit jiddischen und deutschen Texten aus dem Elisabeth-Wöhler-Nachlaß. Frankfurt a. M. [u. a.] 1995.

Zeltner, Claudia: Die Modernität der Lyrik ELSs. Untersuchungen zur Struktur der Gedichte. Bern [u. a.] 1994.

Nachwort

»Maschentausendabertausendweit« – diese Wortneuschöpfung von Else Lasker-Schüler stammt aus ihrem berühmten Gedicht *Ein alter Tibetteppich*, das wie viele andere durch sprachliche Kreativität und höchste Gefühlsintensität bis heute fasziniert. Der Neologismus ist insofern für das lyrische Werk der Autorin charakteristisch, als er auf die traditionelle Metaphorik des Textgewebes anspielt, der kunstvollen Verknüpfung von Fäden bzw. Zeichen, von Bildern, Klängen und Bedeutungen. Die vorliegende – chronologisch angelegte – Auswahl aus ihren Gedichten[1] bietet ein breites Spektrum ihres ebenso facettenreichen wie vielschichtigen lyrischen Schaffens.

In der deutschen Literatur der ersten Hälfte des 20. Jahrhunderts nimmt Else Lasker-Schüler vor allem als Lyrikerin eine herausragende Position ein. Als Grenzgängerin zwischen Literatur und bildender Kunst hat sie Anteil an verschiedenen Strömungen der Moderne, ohne sich eindeutig einer Stilrichtung – etwa dem Expressionismus – zuordnen zu lassen. In ihren Gedichten haben nicht nur individuelle Schicksalsschläge deutliche Spuren hinterlassen, sondern auch die Umbrüche und Katastrophen des 20. Jahrhunderts, die sie als weibliche Künstlerin, Jüdin und alleinerziehende Mutter mit besonderer Härte trafen. So kann man ihr Bekenntnis: »Ich muß immer dichten, aber ich werde immer zerrissen von den äußeren Dingen« (KA 7, S. 88), auch als Hinweis auf die Existenznöte einer Autorin lesen, die ihre literarische Produktion widrigen Umständen abtrotzen und sich mühsam ihren Platz in der zeitgenössischen ›Literaturszene‹ erkämpfen musste.

1 Sämtliche Gedichte in der Fassung der Erstdrucke, dazu eine Auswahl von Nachlassgedichten, finden sich in der Ausgabe: ELS, *Die Gedichte*, hrsg. und komm. von Gabriele Sander, Stuttgart: Reclam, 2016; aktual. Taschenbuchausg., ebd. 2020.

1. »Meinwärts« – Literarische Anfänge

Die am 11. Februar 1869 als jüngstes von sechs Kindern geborene Elisabeth Schüler wuchs im Schoß einer zum gehobenen Mittelstand gehörigen, liberal gesinnten jüdischen Familie in der prosperierenden Industriestadt Elberfeld auf. Ihrem Vater, einem nur mäßig erfolgreichen Privatbankier, schrieb die Tochter später ein kindlich-schelmisches Gemüt zu, ferner ein Talent zum Erzählen. Ihre dichterische Begabung verdankte sie nach eigener Auskunft jedoch der Mutter, die ihr u. a. die Welt der Literatur nahebrachte. Nachdem 1882 ihr Lieblingsbruder Paul verstorben war, bedeutete der frühe Tod von Jeanette Schüler im Jahre 1890 einen äußerst schmerzhaften biographischen Einschnitt: »Wie meine Mutter starb, zerbrach der Mond« (KA 4.1, S. 196). Die Tochter setzte ihr später in zahlreichen Gedichten ein Denkmal (vgl. Nr. 11 und Nr. 46).

Kurz nach der Hochzeit mit dem Arzt Berthold Lasker zog das Paar 1894 nach Berlin. Dort nahm Else Lasker-Schüler Zeichenunterricht und knüpfte bald erste Kontakte zur Berliner Boheme – zu naturalistischen Autoren sowie zu Anhängern der Lebensreform und des Anarchismus. Wichtige Impulse für ihr Schreiben empfing sie vor allem von dem am Rande der Gesellschaft lebenden Dichter Peter Hille. Seine vielzitierte Charakterisierung Else Lasker-Schülers als der »schwarze Schwan Israels, eine Sappho, der die Welt entzwei gegangen ist«,[2] bezieht sich auf ihre frühe Lyrik. Diese erschien ab 1899 in Zeitschriften, dann Ende 1901 in ihrem ersten Gedichtband *Styx*, dessen mythologischer Titel auf den Grenzfluss zwischen Leben und Tod verweist.

2 Peter Hille, »Else Lasker-Schüler«, in: *Kampf. Zeitschrift für gesunden Menschenverstand* N. F., Nr. 8 (26. März 1904) S. 238 f., hier S. 238.

Die um 1900 entstandenen Texte zeigen bereits ein Themen-, Motiv- und Formenspektrum, das auch für die spätere Lyrik bestimmend sein wird: Der Bogen spannt sich zwischen Gedichten, die um Herkunft, Familie, Religion und Künstlertum kreisen, und Texten über Liebe und Erotik. Melancholischen Versen stehen Gedichte gegenüber, die die Fülle des Lebens und die Intensität sinnlichen Erlebens emphatisch preisen. Besonders in den vitalistisch gefärbten Texten finden sich Spuren der Nietzsche-Lektüre Else Lasker-Schülers; dieser Einfluss zeigt sich z. B. in der Opposition dionysisch – apollinisch in dem Gedicht *Orgie* (Nr. 13).

Auf der einen Seite greift Else Lasker-Schüler in ihren frühen Gedichten auf das lebensphilosophisch beeinflusste Bild- und Motivinventar der Kunst und Literatur um 1900 zurück, andererseits sind zahlreiche Referenzen auf romantische Autoren (Novalis, Brentano, Eichendorff, Heine u. a.) und Komponisten bzw. Werke festzustellen. Durch die betonte Nähe zur Musik und die starke Anlehnung an (volks)liedhafte Formen, beispielsweise in *Mein Wanderlied* (Nr. 33), findet sie »den ihr eigenen liedhaften, romantisch anmutenden Ton schon früh«[3].

Zu einem Charakteristikum wird auch die Verschmelzung von Mythen und Motiven aus unterschiedlichsten Kulturkreisen, so dass sich Orient und Okzident in exotisch angehauchten Phantasiewelten begegnen. Ein Beispiel dafür ist das – im Untertitel als »Zigeunerlied« deklarierte – Gedicht über *Die schwarze Bhowanéh* (Nr. 5), eine indische Göttin, die in ethnographischen Texten auch als Göttin der ›Zigeuner‹ figuriert. Else Lasker-Schülers Quelle ist unbekannt; das Gedicht setzt jedoch eine Linie fort, die von Goethes *Zigeunerlied* (1771) bis zu Brahms' Zyklus der *Zigeunerlieder* (1888/91) reicht.

Weisen die frühesten Gedichte meist noch konventionelle

3 Sprengel (2004), S. 680.

Vers-, Reim- und Strophenformen auf, bricht Else Lasker-Schüler bald schon gattungsgeschichtliche Traditionen auf und experimentiert mit neuen Strukturen. So finden sich zunehmend freirhythmische, metrisch und strophisch unregelmäßig gestaltete, weitgehend reimlose Gedichte wie z. B. *Das Lied des Gesalbten* (Nr. 8) oder *Weltflucht* (Nr. 12). Letzteres mündet in die Verse: »Beirrend, / Euch verwirrend, / Um zu entfliehn / Meinwärts!« Diese lassen sich nicht nur auf die um 1900 virulente Identitätsproblematik beziehen, sondern sind auch als programmatisches Bekenntnis zur künstlerischen Individualität zu verstehen.

2. *Nervus erotis* – Liebesgedichte

Die Entfremdung von ihrem Ehemann Berthold Lasker, das Kennenlernen antibürgerlicher Lebensformen in Künstlerzirkeln und die Geburt des Sohnes Paul (1899), der nach eigenem Bekunden aus einer außerehelichen Beziehung hervorging, hatten für Else Lasker-Schüler tiefgreifende Folgen. Einige Gedichte reflektieren zwar scheinbar unverhüllt persönliche Liebesbeziehungen, transzendieren aber stets individuelle Erfahrungen ins Überpersönliche und Überzeitliche. So lässt sich das 1899 publizierte Gedicht *Verwelkte Myrten* (Nr. 2) in biographischer Lesart auf die zu diesem Zeitpunkt bereits gescheiterte Ehe der Autorin beziehen, darüber hinaus thematisiert es in elegischem Ton das Leiden an der offenbar unüberbrückbaren Geschlechterdifferenz.

Bereits in den frühen Gedichten dominiert der weibliche Blick auf den Liebespartner, auf den eigenen und den fremden Körper. In teilweise provokativer Deutlichkeit artikuliert das Ich seine erotischen Begierden, die es nicht länger »zügeln« (*Trieb*, Nr. 3, V. 2) will. Der Wunsch nach Grenzüberschreitung kulminiert in einer *Orgie* nach antikem Muster: »Wir rissen uns die Hüllen ab / Und schrieen! / Berauscht vom Most der Lüfte« (Nr. 13, V. 20–22). Solche Texte sind aufgrund ihrer »emotional wie körperlich nachgerade exhibitionistische[n] Sprache«[4] insofern symptomatisch für die Literatur der Jahrhundertwende, als sich darin eine Fokussierung auf das sinnliche Erleben zeigt. Sie lassen sich auch als Bekenntnis zum weiblichen Begehren lesen – als Reaktion auf die Triebfeindlichkeit des 19. Jahrhunderts. So nehmen die frühen Gedichte Else Lasker-Schülers teil an der Entwicklung alternativer, auf eine Befreiung aus bürgerlichen Zwängen ausgerichteter Konzepte von Körperlichkeit und Sexualität sowie an der Neuordnung von Geschlechterbeziehungen um 1900. Für diese Neuorientierung erfindet die Autorin sogar ein eigenes Empfindungsmedium, den *Nervus erotis* (Nr. 7), der aber als »Nerv des bunten Traumes« (V. 14) zugleich eine Brücke zur Poesie schlägt.

Diese Verknüpfung der Liebesthematik mit poetologischen Reflexionen findet sich in einem ihrer bekanntesten Gedichte wieder: *Ein alter Tibetteppich* (Nr. 47). Es erschien 1910 in der von Herwarth Walden, Else Lasker-Schülers zweitem Ehemann, herausgegebenen Zeitschrift *Der Sturm*, die zu ihrer Rezeption als expressionistische Autorin wesentlich beitrug. Das Gedicht greift das erstmals in *Fortissimo* (Nr. 18) gestaltete Motiv des Orientteppichs auf, das im Kontext des Ästhetizismus häufig begegnet. Else Lasker-Schüler gelingt es jedoch, die rein dekorative Ornamentik und (Ober-)Flächenstruktur zu überwinden, indem sie das Gewebe des Teppichs buchstäblich ›beseelt‹: »Deine Seele, die die meine liebet / Ist verwirkt mit ihr im Teppichtibet« (V. 1 f.).

Die in ihrer Originalität einprägsame, affektbetonte Bildsprache wurde bald zu einem ›Markenzeichen‹ der Dichterin,

4 Kilcher (2010), S. 17.

die ihre Außenseiterrolle durch extravagante Auftritte in androgynen, exotisch schillernden Kostümen kultivierte, um ihre Distanz zu bürgerlichen Normen und zur herrschenden Geschlechterordnung zu demonstrieren. Durch die kontinuierliche Publikation von Gedichtsammlungen – auf *Styx* folgten 1905 *Der siebente Tag*, 1911 *Meine Wunder*, Ende 1912 die *Hebräischen Balladen* und 1917 *Die gesammelten Gedichte* – und die breite Streuung ihrer Texte in den wichtigsten Periodika etablierte sie sich als prominente Autorin der literarischen Avantgarde. Da sie zeitlebens keine scharfe Trennlinie zwischen Kunst und Leben zog, scheute sie sich nicht, Privates öffentlich zu machen. So führte sie 1912/13 in namhaften Zeitschriften einen literarischen Dialog mit Gottfried Benn. Ihre Gedichte richten sich an Giselheer – eine Figur aus dem *Nibelungenlied* – und inszenieren ein Spiel aus Nähe und Distanz. Das lyrische Ich präsentiert sich als »gleichberechtigte Wegbegleiterin«, die »zum passiven Musenmythos in Opposition steht«,[5] deren Gefühle aber am Ende nicht mehr erwidert werden. So klingt das abschließende Gedicht des Zyklus mit dem Titel *Höre!* beinahe verzweifelt: »Ich bin dein Wegrand. / Die dich streift, / Stürzt ab« (Nr. 57, V. 7–9). In Benns Gedicht *Hier ist kein Trost* heißt es dagegen: »Keiner wird mein Wegrand sein. / Laß deine Blüten nur verblühen. / Mein Weg flutet und geht allein.«

Benns Bekenntnis zum Einzelgängertum und zum »Nihilismus« (V. 18) ist auch eine Abgrenzung von Else Lasker-Schülers Poetik des Dialogs, die gerade für ihre Liebeslyrik charakteristisch ist. In den meisten Gedichten findet sich als Adressat ein abwesendes Du, dessen Präsenz aber wortmächtig evoziert wird. Das Gegenüber dient als Projektionsfläche für die Utopie einer das Dasein bereichernden und transzendierenden Liebe.

5 Hallensleben (2000), S. 194.

Als Symbolfarben erscheinen zum einen das Gold, in dessen Glanz der Wunschpartner erstrahlt, zum anderen Else Lasker-Schülers »Lieblingsfarbe« Blau,[6] die auf das romantische Substrat ihres Liebeskonzepts verweist. Noch stärker als beim Gold[7] werden bei der ›Himmelsfarbe‹ Blau religiös-metaphysische Konnotationen wachgerufen.

Während einige Texte aus der Vorkriegszeit noch die Ekstasen sinnlicher Liebe feiern, wird die erotische Thematik in den Gedichten der mittleren und späten Schaffensphase verhaltener zum Ausdruck gebracht und nicht selten in den Horizont allgemeiner Menschen- und Gottesliebe gestellt. Wenngleich die an wechselnde »Ritter«, »Prinzen«, Weg- und »Spielgefährten« adressierten Gedichte wohl mehr als Sympathiebekundungen darstellen, so steht doch meist weniger die geschlechtliche Liebe im Vordergrund, sondern die seelische Verbundenheit im Geiste der Kunst oder Religion. Dies gilt auch für die Gedichte, die Else Lasker-Schüler in ihren letzten Lebensjahren an den 30 Jahre jüngeren Kultur- und Religionsphilosophen Ernst Simon richtete. Obwohl ihre schwärmerische Liebe unter dem Zeichen der Aussichtslosigkeit stand, reagierte Simon »mit großem Feingefühl«[8] und Stolz auf ihre Gedichte. Diese knüpfen in ihrer Bildsprache an die frühere Liebeslyrik an, verstärken jedoch die Tendenz zur verklärenden Überhöhung des Du. Manche Verse entwerfen sogar mystische Vereinigungsvisionen; so heißt es in dem Gedicht *Ich schlafe in der Nacht –*: »Vom Himmel her sind beide wir verwandt / Und unsere Seelen schweben übers Heilige Land / In e i n e m Ster-

6 Brief an Franz Marc vom 3. Januar 1913, In: ELS / Franz Marc, *Mein lieber, wundervoller blauer Reiter* (1998), S. 40.

7 Vgl. das Nachwort zur Gedichtanthologie *Gold und Silber*, hrsg. von Gabriele Sander, Stuttgart 2012, S. 151–160.

8 Bauschinger (2004), S. 436.

nenkleide leuchtend um die Lenden« (Nr. 98, V. 8–10). Diese Liebesgedichte verweisen damit auf die für Else Lasker-Schülers Schaffen charakteristische Allianz von Dichtung und Religion.

3. »Meine Gotteslieder«

»Sind wir Künstler nicht erhabene Gottsucher, ehrfurchtsvoll nach unserm unerreichbaren Ebenbild« (KA 4.1, S. 65). Mit dieser rhetorischen Frage bekennt sich Else Lasker-Schüler zu einem »religiösen Künstleraristokratismus«[9]. Dabei beruft sie sich häufig auf die Tradition des Psalmendichters David und definiert sich als auserwählte Dichter-Sängerin und Prophetin. Ihr Selbstverständnis als jüdische Autorin bringt sie im *Hebräerland* auf die Formel: »In den Augen, in der Schläfe den Kometen der Dichtung, in der anderen den Davidstern« (KA 5, S. 52).

Obwohl Else Lasker-Schüler in einem weitgehend assimilierten, liberalen Elternhaus aufwuchs, hatten die jüdischen Rituale und Feiertage ihren festen Platz im Alltag. Die starke Präsenz biblischer Erzählungen im Werk lässt darauf schließen, dass diese Texte sich früh im Gedächtnis verankerten. Bereits in den ersten Gedichten finden sich neben zahlreichen Gottesbezügen und Reflexionen über Glaubensfragen viele Figuren und Motive vor allem aus dem Alten Testament.

Die früh einsetzende Rezeption als jüdische Autorin beförderten sowohl Erstdrucke in entsprechenden Periodika als auch die Rezensionen zu ihrem ersten Gedichtband *Styx*. So schrieb Samuel Lublinski: »Diesen kosmisch-religiösen Zug verdankt sie zweifellos ihrer jüdischen Abstammung, und sie hat dem Judentum in zwei Gedichten dieser Sammlung, die

9 Hallensleben (2000), S. 181.

kürzlich in *Ost und West* veröffentlicht wurden, gehuldigt.«[10] In dieser kulturzionistischen Zeitschrift waren im Juni 1901 *Das Lied des Gesalbten* (Nr. 8) und *Sulamith* (Nr. 9) erschienen, in denen sich Else Lasker-Schüler auf die Suche nach jüdischer Tradition und Identität begeben hatte. In *Sulamith* lässt sie die Braut aus dem Hohenlied Salomonis am Ende über das Verglühen ihrer Seele »in den Abendfarben / Jerusalems« (V. 13 f.) sprechen. Die Titelfigur repräsentiert »die Liebende und Geliebte, die erotisches Begehren und hymnische Dichtung in einer messianischen Erlösungsvision miteinander verbindet«.[11]

Mit der Referenz auf das Hohelied legt Else Lasker-Schüler in *Sulamith* eine für ihren Liebesdiskurs wichtige Spur aus und eröffnet damit gleichzeitig ihre Porträtgalerie biblischer Gestalten. Diese ›Bibelgedichte‹ setzen die Kenntnis des Quellentextes voraus, denn sie überschreiben die biblische Vorlage fast bis zur Unkenntlichkeit. Durch die Neudeutung dieser Figuren, deren Namen Assoziationsräume öffnen, wird ihnen eine identitätsstiftende Funktion zugewiesen und modellhaft die Gegenwart religiöser Mythen aufgezeigt. In den frühen Gedichten sind es vor allem weibliche Figuren, die sich mutig, bisweilen sogar rebellisch gebärden und damit gerade für Juden in der Diaspora Vorbildcharakter besitzen. Die Gedichte über *Ruth* (Nr. 27) und *Esther* (Nr. 51) können auch poetologisch gelesen werden, da beide Titelfiguren eine ästhetische Sensibilität für die Poesie haben. So heißt es über Esther, deren Herz »auf einem Psalme« ruht (V. 4): »Die jungen Juden dichten Lieder an die Schwester« (V. 8). Der Vers spielt auf eine zentrale – vor allem von Martin Buber propagierte – kulturzionistische Zielsetzung an, durch die ›jungjüdische‹ Dichtung zu

10 Abdruck der Rezension in: *Ost und West. Illustrierte Monatsschrift für modernes Judentum* 1. Jg., H. 12 (Dezember 1901), Sp. 931 f.

11 Liska (2000), S. 42.

einer spirituellen Erneuerung des Judentums beizutragen und das Zusammengehörigkeitsgefühl im Sinne einer »innere[n] Heimat« zu stärken.[12]

Ähnlich werden männliche Bibelfiguren lyrisch porträtiert – teils einzeln wie *Abel* (Nr. 50) und *Boas* (Nr. 52), teils paarweise wie *Pharao und Joseph* (Nr. 42) und *Abraham und Isaak* (Nr. 53). Auch hier handelt es sich um »Kontrafakturen, die nicht nur in größter Freiheit mit den überlieferten Figuren und Begebenheiten umgehen, sondern [...] eine Umwertung der im Urtext propagierten Werte vollziehen«.[13] Dies gilt ebenso für die Transformationen zentraler biblischer Erzählungen etwa über die Schöpfung oder den Exodus. Am Anfang steht das – die Sammlung *Styx* eröffnende – Gedicht *Chronica* (Nr. 10), das die Geschichte des jüdischen Volkes mit der eigenen Familienchronik verschränkt. Die Autorin versucht mit solchen Gedichten das poetische Potential der biblischen ›Urtexte‹ neu zu beleben und gleichzeitig die Empfänglichkeit für religiöse Erfahrungen zu wecken.

Einen besonderen Stellenwert nimmt das programmatische, 1905 erstgedruckte Gedicht *Mein Volk* (Nr. 30) ein. Darin legt Else Lasker-Schüler ein zwar offensives, aber auch ambivalentes Bekenntnis zum Judentum ab, mit dessen Tradition sie sich auf schmerzlich-innige Weise verbunden fühlt. Es beginnt mit den Versen: »Der Fels wird morsch, / Dem ich entspringe / Und meine Gotteslieder singe ....« (V. 1–3). Die Metapher des morschen Felsen, der auf den Berg Sinai und damit auf das Volk Israel verweist, reflektiert den Verlust einer gemeinsamen religiösen Identität im deutschjüdischen Bürgertum. Das Ich

12 Martin Buber, »Jüdische Renaissance«, in: *Ost und West* 1. Jg. (Januar 1901), Sp. 7–10, hier Sp. 10. – Zum Verhältnis zwischen Buber und ELS sowie zum Kontext des Kulturzionismus vgl. Körner (2017).

13 Liska (2000), S. 40.

erkennt die Verfallserscheinungen der Moderne, hofft jedoch auf die stabilisierende Funktion ihrer »Gotteslieder«, die das kollektive Gedächtnis festigen und die Erinnerung an die jüdische Schriftkultur und die ursprüngliche Gemeinschaft auch in der Diaspora wachhalten sollen. Darüber hinaus lassen sich solche Verse zeitgenössischen Diskursen zuordnen. Anspielungen auf die Debatte um den Status der Juden als religiöse, ethnische und/oder nationale Gemeinschaft finden sich nicht nur in Else Lasker-Schülers frühem Bekenntnis zu ihrem »Volk«, sondern ebenso in ihrem Gedicht *Abschied* (Nr. 75) von 1923. Darin verabschiedet sie sich vom Selbstbetrug literarischer Imagination in Form von »Liebesversen, die mich immer süß betrogen« (V. 4), und zugleich von Illusionen ganz anderer Art. Gerade in der Zeit, als die Autorin eine Palästina-Reise erwog, verfolgte sie aufmerksam die Diskussionen über die von zionistischen Kreisen propagierte und aktiv betriebene Ansiedelung von Diaspora-Juden in Palästina, musste dabei jedoch zur Kenntnis nehmen, dass der Aufbau eines jüdischen Nationalstaats von gewaltsamen Unruhen begleitet war. Daher lässt sich folgende Strophe als Anspielung auf die Anfänge des Nahostkonflikts lesen: »Wir blicken all zu e i n e m Himmel auf, missgönnen uns das Land? – / Warum hat Gott im Osten wetterleuchtend sich verzogen, / Vom Ebenbilde seines Menschen übermannt« (V. 9–11).

Ungeachtet der sich in der späten Weimarer Republik verschärfenden Sorge um die Zukunft des Judentums scheint Else Lasker-Schüler an idealisierten Vorstellungen vom ›Gelobten Land‹ festzuhalten und projiziert diese auf die reale Begegnung mit Palästina während der Exilzeit. Dies zeigt sich sowohl in ihrer Lyrik als auch in ihrem Reisebuch über *Das Hebräerland* (1937). Trotz der desillusionierenden Erfahrungen bleibt Jerusalem für sie immer auch die himmlische Stadt der Offenbarung des Johannes. Dies dokumentiert u. a. das Gedicht

Jerusalem (Nr. 93) mit dem Untertitel: »Gott baute aus Seinem Rückgrat: Palästina / aus einem einzigen Knochen: Jerusalem.«

Die räumliche Nähe zu den biblischen Stätten verstärkte die Auseinandersetzung mit den ›heiligen‹ Schriften und die Einbindung religiös besetzter Themen und Motive. Neben Dialogen mit Gott finden sich immer wieder Appelle zum gemeinsamen Beten, etwa in dem Gedicht *Die Verscheuchte*: »Komm, bete mit mir – denn Gott tröstet mich« (Nr. 85, V. 6). »Wir wollen wachen die Nacht, / In den Sprachen beten / Die wie Harfen[14] eingeschnitten sind […]«, heißt es bereits in dem 1910 erstgedruckten Gedicht *Versöhnung* (Nr. 45, V. 2–4). Während hier schon der Titel auf das Versöhnungsfest Jom Kippur anspielt und damit auf die gemeinschaftsstiftende Bedeutung jüdischer Rituale für die Glaubenspraxis verweist, nimmt das Gedicht über *Esther* Bezug auf »die Feiertage, die in Juda fallen« (Nr. 51, V. 3), also auf das Purim-Fest, das an die Errettung des jüdischen Volkes in der persischen Diaspora erinnert. Der Glaube an dessen göttliche Auserwählung wird auch in den späten Gedichten immer wieder heraufbeschworen – verbunden mit der Hoffnung auf ein friedliches Zusammenleben mit den Nachbarvölkern.

4. Gedichte über Weg- und »Spielgefährten«

Zeitlebens war Else Lasker-Schüler auf der Suche nach Gleichgesinnten und Verbündeten. Trotz ihres Bewusstseins künstlerischer und religiöser Privilegierung entwickelte sie keine Ambitionen in Richtung elitärer Zirkelbildung wie etwa Stefan George, sondern schloss sich schon früh in loser Form

14 Gemeint ist damit die hebräische Sprache.

Künstlergruppen an und suchte dort sowohl menschliche als auch weltanschauliche Nähe. Diese pflegte sie als Dauergast in den Berliner Künstlercafés. Aus manchen Begegnungen mit den dort verkehrenden Bohemiens entstanden enge Freundschaften, die auch literarische Spuren hinterließen. So enthält ihr lyrisches Werk eine in der Literatur der Klassischen Moderne einzigartige Fülle an Texten, die mit den Namen von Künstlern aus unterschiedlichsten Sparten überschrieben oder diesen explizit gewidmet sind. Es war der Autorin offenbar ein Bedürfnis, sowohl an ihre Familienangehörigen zu erinnern als auch ihren »Spielgefährten« ein Denkmal zu setzen. So geben diese Gedichte einen Einblick nicht nur in ein persönliches Netzwerk, sondern darüber hinaus in die damalige Künstlerszene. Sie bestechen durch großes Einfühlungsvermögen und enthalten zumeist konkrete Referenzen auf lebens- und werkgeschichtliche Details. Fast allen Autoren, mit denen Else Lasker-Schüler in engerem Kontakt stand, widmete sie eigene Gedichte, z.B. *Paul Zech* (Nr. 54) und *Theodor Däubler* (Nr. 64). Eine weitere Gruppe bilden die Porträts von Künstlern wie *Milly Steger* (Nr. 62), *Marianne von Wereffkin* (Nr. 73) und *Jankel Adler* (Nr. 76). Letzterer schuf im Entstehungszeitraum des Gedichtes (1924) sein berühmtes Gemälde von Else Lasker-Schüler, das heute im Wuppertaler Von der Heydt-Museum zu sehen ist. Wie schon bei ihrem produktiven Austausch mit dem »lieben Blauen Reiter« Franz Marc handelt es sich auch hier um einen künstlerisch fruchtbaren Dialog.

Manche dieser Porträtgedichte sind als Nekrologe zu lesen. Einige ihrer Künstlerfreunde waren Opfer des Ersten Weltkriegs geworden, und Else Lasker-Schüler fasste »in dieser Zeit des Todes« (KA 7, S. 86) ihre Trauer in Gedichtform, so in den Totenklagen über *Georg Trakl †* (Nr. 60) und *⟨An Franz Marc⟩* (Nr. 61). Nicht minder bewegend sind ihre Verse über den im April 1914 in einem Moskauer Gefängnis verstorbenen Johannes Holzmann, um dessen Freilassung sie sich während ihrer Russland-Reise vergeblich bemüht hatte: *Senna Hoy* (Nr. 59).

Neben den Klarnamen wählte Else Lasker-Schüler als Titel bisweilen nur die Vor- oder Nachnamen der Personen, deren Pseudonyme oder Kose- und Spitznamen. Vielfach wies sie den verschlüsselt Porträtierten eine bestimmte Rolle in ihrer Phantasiewelt zu, und so begegnen diese auch in ihren Korrespondenzen, Zeichnungen und den Briefromanen *Mein Herz* (1912) und *Der Malik* (1919). Anhand dieser Querbezüge kann die jeweilige Position der porträtierten Freunde innerhalb des imaginären, von ihrem Alter Ego Prinz Jussuf von Theben beherrschten Kunstreiches genauer bestimmt werden.

Einige dieser Gedichte verdanken sich zeitgeschichtlichen Ereignissen, zu denen Else Lasker-Schüler auf ihre Weise Stellung bezog. Sie nutzte das Genre der Gelegenheitsdichtung, um sich ironisch-kritisch über Personen oder Ereignisse innerhalb der Kunst- und Medienszene zu äußern. Auch Alltagsbeobachtungen werden in der Zwischenkriegszeit zum Gegenstand von Gedichten, die eine Nähe zur neusachlichen Gebrauchslyrik zeigen, wenn z. B. das flanierende Ich die Warenauslagen einer Drogerie beschreibt: »Rosen, Nelkenseifen, weiß und lila Flieder / Liegen waschgerecht in sauberen Schachteln immer wieder [...]« (Nr. 79, V. 1 f.). Bisweilen gewährt sie den Lesern Berliner Tageszeitungen sogar Einblicke in ihre prekäre Lebenssituation, etwa in der *An die Einwohnerschaft Berlins* gerichteten, Anfang 1923 im Bänkelsang-Stil verfassten Wohnungsanzeige: »Ihr lieben Leute lasst Euch sagen / Dass ich seit Jahren keine Wohnung hab [...]« (Nr. 74, V. 1 f.). Zu ihren Ausdrucksmöglichkeiten gehörten auch Scherzgedichte, deren Sprach- und Lautspielereien an Christian Morgenstern oder die Dadaisten erinnern. Selbst im hohen Alter war sie noch in der Lage, sich durch humorige Texte ein Ventil in schweren Zeiten zu schaffen.

5. »Heimatlos« – Exilgedichte

Erfahrungen der Ausgrenzung und Fremdheit prägten Else Lasker-Schülers gesamtes Leben und hinterließen tiefe Spuren im Werk. Bereits in der Kindheit wurde sie sich insbesondere durch die Konfrontation mit antisemitisch motivierten Diffamierungen ihrer Außenseiterposition bewusst.[15] Sie reagierte darauf allerdings nicht mit Anpassung, sondern mit der selbstbewussten Demonstration und offensiven Verteidigung ihrer Sonderstellung als jüdische Künstlerin. In der späten Weimarer Republik erlebte sie hautnah die Polarisierung und Radikalisierung der politischen Kräfte – einhergehend mit »gewalttätigen Ausschreitungen gegen die jüdische Bevölkerung«.[16] In dieser aufgeheizten Stimmung wurde Else Lasker-Schüler mehrfach zum Opfer von Verunglimpfungen aus rechtsgerichteten Kreisen. Damit zerschlugen sich alle Hoffnungen auf ein friedliches Zusammenleben unter demokratisch-republikanischem Vorzeichen. Ihre Bedrückung über die Zuspitzung der politischen Lage kommt in einem »Abschieds- und Trauergedicht«[17], das den am 25. Dezember 1932 erschienenen Essay *Der Weihnachtsbaum* abschließt, implizit zum Ausdruck. Die Frage »Was soll ich weiter – und auch du – mit deinem Leben […]« (Nr. 83, V. 8) bleibt bezeichnenderweise ohne Antwort.

Am 19. April 1933 verließ die 64-jährige Autorin nach Übergriffen durch NS-Schergen[18] Berlin für immer und floh in die Schweiz. Trotz der existentiellen Nöte, die das Exildasein

15 Vgl. Bauschinger (2004), S. 37 f.
16 Ebd., S. 329.
17 Ebd., S. 349.
18 Vgl. Else Lasker-Schülers Brief an Fritz Strich vom 18. Dezember 1934 (KA 9, S. 180).

in Zürich mit sich brachte, gelang es ihr, die traumatische Erfahrung der Vertreibung literarisch zu bannen und sich bescheidene Publikationsmöglichkeiten zu eröffnen, u. a. in Klaus Manns Exilzeitschrift *Die Sammlung*. Auf ihr im Oktober 1933 erschienenes Gedicht *Abendzeit*, das mit einer Klage über die erblasste »Lebenslust« (Nr. 84, V. 1) beginnt, folgte im März 1934 *Die Verscheuchte* (Nr. 85). Darin verweist die vom kalten »Nordsturm« (V. 10) umwehte Szenerie offenkundig auf die aktuelle Situation in Deutschland unter dem NS-Regime. Die an ein Du gerichtete Aufforderung zum gemeinsamen Gebet (vgl. V. 6) stößt insofern ins Leere, als die Liebe längst der Vergangenheit angehört und das Ich nun ziel- und »heimatlos« (V. 8) in einer ›erkalteten‹ Welt umherirrt. Die verzweifelte Frage »Wo soll ich hin« (V. 10) hallt mehrfach in Else Lasker-Schülers Exillyrik nach: »Wo soll ich auch noch hin von Grauen überschattet«, heißt es etwa in dem 1935 publizierten Gedicht *Ich liege wo am Wegrand übermattet* (Nr. 86, V. 4). Besonders eindringlich klingt die Klage über die Verrohung der Welt in dem 1936 entstandenen Gedicht *Mein blaues Klavier* (Nr. 89), das zum Titelgedicht ihres letzten, 1943 in Jerusalem erschienenen Sammelbandes wurde. Es entwickelte sich im Laufe seiner Rezeptionsgeschichte zu einer Ikone der Exillyrik, da es in geradezu schmerzhafter Intensität Erinnerungen an die Kindheit heraufbeschwört und mit den Verlust- und Gewalterfahrungen der Jetztzeit konfrontiert.

Schon im zweiten Jahr ihres Schweizer Exils bot sich Else Lasker-Schüler die Chance, nach Palästina zu gelangen. Von ihrer dritten Reise im Frühjahr 1939 konnte sie nach Ausbruch des Zweiten Weltkriegs nicht mehr zurückkehren. Die Diskrepanz zwischen den auf das ›Gelobte Land‹ projizierten Wunschträumen und den realen Erfahrungen kennzeichnet ebenso wie ihr Buch über *Das Hebräerland* manche der dort entstandenen Gedichte. Palästina präsentierte sich ihr als ein Land politischer und ideologischer Konflikte zwischen jüdischer und arabischer Bevölkerung auf der einen, zwischen Ost- und Westjuden, Orthodoxen und Zionisten auf der anderen Seite. In dem Gedicht *Jerusalem* (Nr. 93) erscheint dem desorientierten Ich die »Heilige Stadt« (V. 2) als ausgedörrte Steinwüste statt als Garten Eden. Doch setzt die »Vision eines künftigen Palästinas als (neue) Heimat für zukünftige Generationen«[19] den Schlusspunkt: »Jerusalem – erfahre Auferstehen!« (V. 17).

Trotz solcher eschatologischen Wunschprojektionen bleiben Entwurzelung und Einsamkeit dominierende Erfahrungsmuster. Idealisierende Überhöhungen sind zwar weiterhin sowohl in ihren religiösen als auch erotischen Imaginationen festzustellen, aber es überwiegt eine von Desillusionierung geprägte Stimmung. So beklagt das Ich in dem Gedicht *Über glitzernden Kies* noch einmal den Verlust der Heimat und erinnert sich sehnsuchtsvoll an den Garten der Kindheit: »Könnt ich nach Haus [...]. // Wo soll ich hin? / O Mutter mein, weißt du's? / Auch unser Garten ist gestorben« (Nr. 91, V. 1–6).

Wenngleich Else Lasker-Schüler in ihrer späten Lyrik den Blick häufig rückwärts wendet, so war sie im Alltag um Integration in die neue Gesellschaft und kulturelle Brückenschläge bemüht. Mit großem Engagement betrieb sie das 1941 von ihr gegründete Lese- und Diskussionsforum »Der Kraal«, in dem sie ihre ›Indianerfreunde‹ versammelte. Dort begegnete sie auch immer wieder Ernst Simon, dem sie eine Serie von Liebesgedichten widmete (s. o. Abschnitt 2). Bei aller Kontinuität der lyrischen Ausdrucksmittel überraschen diese durch originelle Variationen und Neuschöpfungen; insbesondere *Ein Liebeslied* (Nr. 95) erinnert an den märchenhaften Zauber früherer Gedichte.

19 Daffner (2011), S. 370.

Im Briefwechsel mit Ernst Simon konnte Else Lasker-Schüler sich nicht nur über philosophisch-religiöse Fragen und die »schrecklich[en] […] Weltgeschehnisse« (KA 11, S. 147) austauschen, sondern auch ihre Sorgen wegen nachlassender Kräfte ansprechen. Von Todesnähe überschattet erscheinen ihre letzten Gedichte, die sich teilweise wie ein Vermächtnis lesen, so *Mein Herz ruht müde*: »Ich habe meines Lebens Schlussakkord vollbracht […]« (Nr. 94, V. 7). In dem vermutlich kurz vor ihrem Tod am 22. Januar 1945 entstandenen Nachlassgedicht *Mein Sterbelied* (Nr. 100) stellt das Ich resigniert fest, dass »alle beglückenden Farben […] / Die mich ganz bunt umwarben – / Starben …« (V. 12–16), vertraut aber gleichzeitig darauf, »[i]n die Himmlischkeit zu ziehn« (V. 18).

Verzeichnis der Gedichtüberschriften und -anfänge